SOUVENIRS,

ÉPISODES ET PORTRAITS.

I.

DE L'IMPRIMERIE DE AUG. AUFFRAY,

PASSAGE DU CAIRE, N. 54.

SOUVENIRS,

ÉPISODES ET PORTRAITS

POUR SERVIR A L'HISTOIRE

DE LA RÉVOLUTION ET DE L'EMPIRE;

PAR CHARLES NODIER.

TOME PREMIER.

Paris.

ALPHONSE LEVAVASSEUR, ÉDITEUR,

PALAIS-ROYAL.

—

1831.

A M. Laffitte.

Monsieur,

La dédicace de ces Souvenirs vous étoit adressée il y a deux ans.

Différentes circonstances en ont retardé la publication.

Un des événements dont je parle vous a porté depuis au premier rang dans l'administration des affaires publiques.

Il y a dans le cœur d'un homme indépendant une pudeur qui gêne l'expansion des sentiments les plus légitimes.

Vous n'avez pas entendu parler de moi dans la nouvelle situation où vous avoient placé vos talents, vos vertus, & la juste affection que vous inspirez au pays.

Les hommages que l'on adresse au pouvoir sont trop suspects pour convenir à une âme telle que la vôtre.

Le devoir qui me les imposoit auroit été pénible à une âme comme la mienne, quand vous étiez premier ministre.

Vous êtes rentré dans le rang des citoyens ; je les adresse au citoyen.

Je les adresse à l'homme de bien qui m'a entouré pendant quinze ans des sollicitudes d'une bienveillance presque paternelle, sans acception de mes opinions.

Cette foible offrande même sera un gage de la liberté de mes sentiments.

C'est l'œuvre d'un homme sincère, mais impressionnable, dont les impressions ne sont pas toujours d'accord avec les vôtres.

Ce Livre prouvera du moins, à défaut d'autre mérite, que vous n'avez jamais repoussé l'expression d'une conscience droite, et qu'elle n'a jamais aliéné un de vos sentiments aux hommes qui parlent ce langage.

Si je regrette qu'un de mes écrits ne soit pas destiné à vivre, c'est que j'aurois ardemment voulu consacrer quelque part, d'une manière durable, les témoignages de ma reconnoissance et de mon respect.

Ch. Nodier.

PRÉLIMINAIRES.

Pour expliquer le livre que voici, il convient de dire d'abord qu'il n'offre que les débris d'un livre. Ma première pensée avoit été d'écrire des *Mémoires* continus, commme tout le monde, et de me faire modestement le héros d'une espèce d'Odyssée à travers les Charybdes et les Scyllas de la révolution. Dans une révolution, en effet, le domaine des notions historiques appartient à tous comme tout. Chacun ayant pu prendre part aux événements selon ses facultés, chacun a le droit de raconter ce qu'il a fait, selon son talent. Pour annoncer des *Mémoires* sur l'intérieur et les ressorts d'un gouvernement absolu, il faut, de toute nécessité, avoir été général, ministre, diplomate, courtisan, courtisane ou valet de chambre. La révolution a mis en jeu plus d'intérêts, plus de passions et plus d'acteurs. Au fort d'une tempête, qui entraîne le vaisseau de l'État, les plus grands prennent part à la manœuvre, les plus petits au conseil, et quand le bâtiment touche, on s'en aperçoit au moins aussi vite à fond de cale que dans la chambre du capitaine. Cette considération mettoit sans doute ma pudeur d'écrivain à l'abri ; mais qu'auroit fait de plus à mon récit l'individualité de l'historien ? Il n'y avoit rien d'assez spécial dans l'emploi et les accidents de ma vie pour justifier cette forme spéciale. Autrement, il n'est personne qui ne puisse faire aussi sa biographie, et la lancer hardiment dans les cabinets littéraires. Si votre portier a cinquante ans, et qu'il veuille bien avoir pour vous la complaisance des Calenders borgnes, il vous récitera facilement des aventures dans lesquelles il a figuré comme acteur ou comme témoin, et qui feront pâlir celles de *Cléveland* et de l'*Infortuné Napolitain*. Les anciens disoient très-bien qu'il ne faut pas se plaindre de ses malheurs à Hécube.

Ce qui reste de véritablement individuel à l'homme qui écrit sur ces matières, c'est la sensation. Il n'y a rien de plus vulgaire que les faits, et rien sur quoi on s'accorde moins. Parlez à trois personnes d'un drame nouveau : la première n'y a vu que l'exposition, la seconde que la péripétie, la troisième que le dénouement, et vous n'avez peut-être remarqué aucune des choses qu'elles y remarquent, si votre voisin étoit importun, ou si votre voisine étoit jolie. Quand ces impressions qui nous ont fui ont quelque attrait de sentiment ou d'imagination, quand elles nous sont présentées dans un moment plus favorable avec candeur ou avec enthousiasme, nous y prenons presque autant de plaisir que si elles se réveilloient de notre propre mémoire, et qu'elles se produisissent naturellement en nous-mêmes. Ce n'est pas l'objet qui est changé, c'est l'aspect; ce n'est pas la forme, c'est la couleur.

J'ai entendu dire souvent qu'il étoit trop tôt pour écrire l'histoire. Cela est généralement vrai quant aux lecteurs ; mais la masse des lecteurs est un corps instantané, mobile, qui se renouvelle sans cesse, et à mesure qu'il se renouvelle, il devient plus accessible à la vérité, parce qu'il échappe de plus en plus à l'action des intérêts. Quant à l'historien, je crois qu'il ne sauroit être trop près des faits qu'il raconte et des personnages qu'il met en action, pour en saisir la véritable physionomie. Il est vrai qu'il est alors placé sous l'influence immédiate des opinions de parti, et s'il n'a pas l'indé-

pendance de position et la conscience
de caractère qui recommandent le témoignage de l'homme de bien, il faut
laisser là son livre. Toutefois, l'écrivain qui lui succèdera au bout d'un
siècle sera-t-il mieux affranchi de ces
préventions, s'il s'en rapporte, comme
il sera obligé de le faire, aux plaidoyers passionnés des factions; s'il
consulte, comme il n'y manquera pas,
les traditions encore vivantes des vainqueurs et des vaincus?... Sera-t-il plus
exempt de se tromper sur le passé que
sur le présent, une fois qu'il s'y sera
transporté de toutes les forces de son
âme, qu'il en aura fait le centre de sa

vie intellectuelle, et qu'il se sera associé, sans le savoir, par toutes les sympathies de son organisation, à toutes les émotions de son drame et de ses héros? Un écrivain qui saisit partout la vérité avec une grande puissance, et qui l'énonce presque toujours avec des formes vives, lucides et impérissables comme elle, n'a-t-il pas dit un jour : « Les royalistes d'au- » jourd'hui auroient été des ligueurs? » Cela est exact, dans l'acception qu'il donnoit à l'opinion selon sa pensée intime, et il ne faut pas chercher ailleurs la cause des dissensions qui nous travaillent encore. Les premières révolutions de la monarchie ont été racontées par deux hommes qu'on seroit porté à croire fort étrangers d'affections et de principes à des événements si complètement finis. Cependant lisez Mézeray, vous reconnoîtrez le frondeur ; lisez Daniel, vous reconnoîtrez le jésuite.

Je n'aurois pas suivi si loin cette question, si je ne m'étois abandonné à ma plume :

Cet accessoire est grand, mon sujet est petit.

Il y auroit trop d'orgueil ou de distraction à placer une théorie sérieuse de la vraisemblance historique à la tête d'un recueil de causeries sans conséquence, dont le seul mérite, si elles pouvoient en avoir un, seroit d'être recueillies sous l'impression d'un souvenir naïf, avec une impartialité d'autant plus facile qu'elle tient beaucoup de l'insouciance. Comme un livre, sous quelque point de vue qu'on l'envisage, est un ouvrage de vanité, et qu'il faut bien passer condamnation sur ce point, je n'ai pas balancé à faire ici les honneurs de la mienne. Ma vanité, puisqu'il faut le dire, ne consiste pas à me croire la moindre des qualités littéraires de l'historien, mais à m'arroger avec confiance la première de ses qualités morales. S'il n'y avoit pas trop d'orgueil à employer les paroles de Montaigne, je dirois volontiers : *Ceci, lecteur, est un livre de bonne foi ;* et si cet orgueil n'alloit pas jusqu'à une sorte de profanation, j'aurois pris pour épigraphe celles de saint Paul aux Hébreux : *Je suis persuadé d'avoir une bonne conscience.* Mais j'ai prudemment réservé ces protestations pour ma préface, où je puis du moins en racheter la suffisance trop superbe par quelque réticence modeste. Cette réticence, la voici : c'est que mon impartialité sans effort est tout bonnement le résultat de l'expérience, et que je suis nécessairement impartial, parce que j'ai vu, parce que j'ai senti, parce que j'ai vécu, parce que j'ai trouvé de tous les côtés, à travers une foule de préventions, de préjugés, d'extravagances, d'excès et même de fureurs, de bonnes intentions, des talents supérieurs, des vertus sublimes ; parce que l'habitude et l'obligation de comparer m'ont convaincu que la société ne gagne presque rien à rien ; parce que l'éclectisme du philosophe, scepticisme accommodant, qui choisit dans tout pour conserver le droit de tout contester, est, suivant moi, la seule raison de l'histoire.

Jeune, j'ai été sans doute un homme de parti, et j'ai servi la cause à laquelle je m'étois lié dans l'abandon inexpérimenté de mes premiers sentiments, sinon avec l'éclat qui s'attache aux faits mémorables, au moins avec la ferveur d'une organisation énergique ; mais je suis assez heureux pour avoir imprimé dès l'enfance une invariable profession de foi à tous ceux de mes actes et de mes écrits dont quelques personnes peuvent conserver la mémoire. J'ai honoré la gloire et le génie de Napoléon, même quand j'osois tout seul proclamer la liberté. Une inclination, fortifiée par le temps et

par la persécution, ne m'a pas décidé
à prêter le concours de mes foibles efforts au gouvernement qui lui a suc-
cédé par la loi de la Charte, depuis
que ce gouvernement a séparé ses intérêts de ceux du pays, sous une fatale influence. Cependant, la confiance
peut se détruire, mais l'affection n'est
pas condamnée aux mêmes sacrifices
que la raison, et j'en rends grâces
au ciel. Ami constant et passionné
de la liberté, je n'ai jamais nourri
dans mon cœur qu'une pensée, que,
suivant l'aspect divers des différentes
époques, j'ai rattachée avec ardeur à
tous les systèmes qui pouvoient lui prê-

ter un appui ; mais la vie est trop
courte, et chez nous qui avons tant
vu, elle est trop désabusée pour qu'il
nous soit possible de recommencer si
tard, dans le chemin que nous y fai-
sons, beaucoup d'amitiés politiques.
Heureusement, la direction où j'é-
tois ne m'a pas fait perdre de vue les
hommes honnêtes et sincères qui ne
m'y accompagnoient point, et qui se
trompoient, si je ne me trompois, ou
si l'on ne se trompoit des deux parts,
ce qui a dû arriver souvent. Il n'est
peut-être pas donné à notre nature de
voir juste dans des questions qui ont
des milliers d'aspects, mais on a quel-

que droit de se croire l'autorité de la bonne foi, quand on n'a jamais transigé sur les opinions fondamentales, quand on n'a jamais aliéné un sentiment, et quand on peut tendre une main amie aux honnêtes gens de tous les partis, sans craindre qu'elle soit repoussée.

Au reste, le livre que voici, et c'est oser beaucoup que de l'appeler un livre, a subi par hasard l'épreuve la plus extraordinaire à laquelle une composition écrite sous l'inspiration de la vérité ait été soumise depuis qu'on écrit l'histoire. Quelques fragments d'essai en sont livrés depuis trois ans au public; le reste en étoit connnu par des lectures familières, et entre ces publications, ces lectures, et l'impression de l'ouvrage, une révolution a passé, révolution immense, révolution définitive s'il plaît au ciel, sans que j'éprouve le besoin d'y changer une ligne. Il y a cent ans du 20 au 3o juillet 183o. Il n'y a pas, dans ce que j'ai imprimé et dans ce que j'imprime la plus petite fraction de temps que puisse marquer une montre de Graham. Je jure sur l'honneur qu'on n'y découvrira pas plus d'une douzaine de mots sacrifiés aux convenances des jours actuels , et les bienséances de la presse libre sont au droit de penser et d'écrire ce qu'est la pudeur à l'innocence , la modestie au talent, la modération à la vertu.

Cette déclaration de principes n'est pas inutile , si je suis parvenu à exécuter mes légères esquisses comme je les ai conçues , c'est-à-dire de manière à laisser si peu de place et de jeu à mes opinions intimes , toutes les fois qu'elles ne sont pas nécessairement en action , qu'il soit impossible ou au moins très-difficile au lecteur de les reconnoître et de les nommer. Ce seroit là, peut-être, la véritable pierre de touche de l'histoire, et si je n'en appelle ici l'application que sur des historiettes sans conséquence et peut-être sans intérêt, c'est que tout me révèle que je n'ai par devers moi ni le talent ni le temps nécessaires pour entreprendre un travail plus étendu, plus compacte et plus sérieux. Je crois pouvoir souhaiter, sans outrecuidance, ma liberté d'âme et d'esprit à ceux qui l'accompliront désormais, et j'estime qu'il ne manqueroit guère à quiconque possèderoit par hasard la plume de Châteaubriand ou celle de Villemain, que le premier et le plus essentiel des matériaux d'une longue entreprise; quelques années de vie.

Après m'être si magnifiquement élogié, il me reste à me défendre contre un reproche que ne m'ont point épargné ni amis ni ennemis, ou plutôt il me reste à le subir très-humblement, car je ne sais pas en vérité ce que j'y opposerois. Des critiques dont je reconnois volontiers l'autorité en ces questions, ont blâmé dans mes petites narrations une sorte de vernis romanesque assez mal séant, suivant eux, à la gravité des sujets. On a dit qu'elles se ressentoient d'une manière un peu exagérée de considérer les événements et les hommes, qui est propre à mon caractère, et on a spécialisé cette accusation dans des termes dont je ne serai pas le dernier à reconnoître la spirituelle justesse, en me condamnant à n'exploiter que la littérature *nerveuse* et l'histoire *fantastique*. J'y consens de tout mon cœur, et, je le répète, je n'essayerai certainement pas de prouver que des perceptions à demi effacées par le temps ont obtenu, en passant de ma tête et de mon cœur sur le papier auquel je les confie, cette précision absolue des vérités mathématiques qui se fait désirer tous les jours dans des matières plus essentielles et plus positives. Ce que j'atteste, c'est qu'elles sont miennes et qu'elles me sont arrivées ainsi, comme mes organes les ont prises. Aucun homme n'est comptable de ses sentiments qu'en raison des facultés qui lui ont été données pour sentir. *Tot capita, tot sensus.* Je suis garant des faits et non maître des impressions. Que j'aie vu autrement qu'un autre, que d'autres encore aient vu autrement que lui et moi, il n'en résulte pas que, ni moi ni les autres, nous ayons dit ce qui n'étoit pas, mais seulement que chacun de nous a dit ce qu'il a vu comme il l'a vu. Je n'ai pas le regard aussi profond qu'un aigle;

je ne l'ai pas aussi obtus qu'une chauve-souris, et c'est dans le même rayon de soleil que plonge le regard de l'aigle, celui de la chauve-souris et le mien. Je me suis trompé souvent sur mes sensations, je pourrois me tromper encore; l'essentiel est que je ne trompe personne de parti délibéré, et il n'y a rien de plus loin de ma pensée. Est-on bien sûr d'ailleurs que tous les portraits historiques dont les anciens et les modernes nous ont transmis le type aujourd'hui consacré, offrent cette exactitude de ressemblance que l'on demande aux nôtres? L'amour n'a-t-il point embelli de femmes? L'enthousiasme n'a-t-il point grandi de héros? Je ne sais, mais si c'est à cette puissance négative d'un cœur impassible que se mesure l'impartialité de l'histoire, il ne faut s'en rapporter à moi qu'avec beaucoup de réserve; et, pour me juger en deux mots, j'incline même à croire que lorsqu'il ne restera rien dans mes écrits de l'enthousiaste et de l'amant, il n'y restera pas grand'chose.

On ne peut guère maintenant lancer un petit ouvrage dans la circulation sans s'expliquer sur l'école littéraire à laquelle on appartient, ou à laquelle on a la prétention d'appartenir. C'est une question qui va de pair avec la question politique, dans certains esprits, et qui, dans quelques autres, passe devant. Il y a des *romantiques* si hardis en nouveautés, qu'ils mettent sur le compte du pédantisme *classique* tout ce qui est simple, naturel et raisonnable. Il y a des *classiques* si bornés en érudition, je ne dis pas *classique*, mais *scholaire*, qu'ils anathématisent du nom de *romantique* tout ce qu'ils ne comprennent pas, et c'est partir d'un principe d'exclusion un peu large. Ces discussions me paroissent fort oiseuses quand elles ne sont que cela. Le but des ouvrages de l'esprit est de plaire, le secret de l'écrivain est d'y réussir. A cette condition, tout lui est permis, et si les *classiques* de l'ancien temps n'avoient pas compris cette idée, ils ne seroient pas plus *classiques* aujourd'hui que ne le sont les *classiques* d'aujourd'hui. Ce que j'ose penser d'abord, c'est que l'art du style a été merveilleusement défini par Horace dans une formule très-courte, mais très-pleine et très-complète de sens, et les *classiques* actuels, qui lisent probablement Horace, me sauront gré de cette citation :

Scribendi rectè, sapere est principium et fons.

Secondement, c'est que sans clarté, aucune composition littéraire n'est assurée de vivre; enfin, c'est qu'il n'y a point de clarté sans correction. Il y a encore loin de ces concessions aux exigences du purisme dogmatique d'une coterie solennelle d'éplucheurs de mots, et voilà pourquoi je ne me suis pas servilement astreint à n'employer jamais une expression qui n'eût l'autorité du Dictionnaire. Ce ne sont pas les dictionnaires qui font loi dans les langues; c'est l'usage des hommes qui ont reçu du ciel le don de bien écrire, et j'aime autant m'en rapporter, sur le choix des termes propres à rendre nettement et vivement ma pensée, à Rousseau, à Pascal, à Corneille, à Montaigne, et même au vieux Marot, qu'à Furetière, à Conrart et à Chapelain.

Il étoit sans doute inutile de munir de tant de précautions oratoires et grammaticales, deux ou trois minces volumes qui passeront sans être aperçus. *In tenui labor.* J'ai cédé, presque sans le savoir, à l'habitude de mes confrères les auteurs. Rabelais diroit : *Matière de préface.*

SOUVENIRS,

ÉPISODES ET PORTRAITS.

Euloge Schneider,

ou

LA TERREUR EN ALSACE.

Mon père, passionné pour les études classiques, s'étoit promis de faire de moi une espèce de savant. Ce n'est pas la seule de ses espérances que j'ai trompée. Il m'avoit appris ce que je sais de latin par une méthode qui lui étoit propre, et dont les fruits

m'ont échappé à mesure que j'ai vieilli. A
dix ans, je lisois plus couramment qu'aujourd'hui des auteurs assez difficiles. Enchanté de mes progrès, sur lesquels s'aveu-
gloit sa tendresse, quoiqu'il fût plus que
personne à portée de les apprécier à leur
juste valeur, il ne pensa plus qu'à me faire
commencer mes études grecques; mais les
occupations multipliées que lui donnoient
ses importantes fonctions ne lui permet-
toient pas de me diriger. Parmi les hommes qui correspondoient avec lui sur des
questions de philologie et de littérature
ancienne, se trouvoit un certain Euloge
Schneider, d'abord capucin à Cologne, puis
grand-vicaire de l'évêque constitutionnel de
Strasbourg, et très-savant éditeur d'un *Anacréon* allemand. Mon père me recommanda
aux soins de M. l'abbé Schneider, qui les
lui avoit offerts, et j'allai à Strasbourg apprendre du grec sous les auspices d'un

grand-vicaire qui avoit traduit et commenté Anacréon. L'effroyable célébrité que Schneider a acquise depuis, et la tragédie peu connue à laquelle aboutit la voie de sang qu'il s'est faite, m'ont paru propres à exciter quelque curiosité, et à racheter par un intérêt assez vif quelques pages d'ennui *préliminaire.*

M. l'abbé Schneider ne pouvoit pas me donner un logement chez lui, mais il m'avoit fait préparer une chambre propre et commode à l'hôtel de *la Lanterne*, chez une excellente madame Tesch, dont j'aime à me rappeler le nom et le souvenir. C'est la première femme qui m'ait fait concevoir le charme que l'expression d'une âme aimante et d'un bon cœur peut prêter à une jolie figure.

J'étois arrivé de nuit. La plus grande ville que je connusse alors étoit ma ville natale.

Dès le point du jour, tourmenté d'une impatience invincible, je parcourois les rues
solitaires, étonné de tout, admirant tout,
et frappé surtout d'une sorte d'extase devant cette magnifique cathédrale que le
monde ancien auroit comptée parmi ses
merveilles. Je n'avois rien vu de pareil en
ma vie à ce chœur d'anges et de saints qui
l'embrassoit de myriades de figures, et qui
sembloit s'élever avec elle aux faîtes de la
Jérusalem céleste, en perçant les riches
broderies et les dentelles transparentes de
sa miraculeuse architecture. Je fus tiré de
ma méditation par le bruit d'un coup de
marteau, et je vis rouler à mes pieds la tête
d'un saint. Un autre coup retentit, et, ce
qui tomba, c'étoit le buste de la Vierge embrassant son fils. Je cherchai d'où venoit
cela, et j'aperçus un homme juché au por-
tail sur les épaules d'un apôtre colossal, et
frappant à droite et à gauche avec des im-

précations épouvantables sur ces représen-
tations gothiques des élus du Seigneur. Le
peuple s'étoit amassé peu à peu en groupes
agités, d'où partoient des rires éclatans, de
sombres vociférations et de sourds mur-
mures. Je fus long-temps à m'expliquer cette
frénésie, qui n'étoit pas encore parvenue
au pied du mont Jura.

Il étoit neuf heures du matin quand je
crus pouvoir me présenter chez le citoyen
Schneider. Madame Tesch m'avoit bien dit
que c'étoit comme cela qu'il falloit le nommer; qu'il n'étoit plus abbé, mais rapporteur de la commission révolutionnaire extraordinaire du Bas-Rhin, et que tout enfant
que je fusse, il étoit capable de me faire
mourir, si je ne le tutoyois pas. Je venois
de me répéter cette leçon pendant une heure
de promenade sur le Breuil, regrettant, à
vrai dire, de commencer ainsi mes nou-

velles études, et de ne pouvoir arriver sans ce préambule à la première page des institutions de Clénard.

Je montai trois degrés; je frappai à une petite porte étroite. Une servante vieille et fort rechignée vint me recevoir, et m'introduisit en grommelant chez le citoyen Schneider, c'est-à-dire dans la salle à manger, où je devois l'attendre. Cette pièce étoit fort propre, quoiqu'elle ne fût boisée que de planches à simples moulures, sans couleur, sans cire et sans vernis. Elle avoit pour tout ornement deux grands sabres en sautoir.

Le déjeuner étoit servi. C'étoit un plat d'huîtres, *rara concha in terris*, un plat d'anchois, une jatte d'olives, et une cruche de bière. Le citoyen Schneider entra, plaça ses deux pistolets sur la table, et s'assit après m'avoir assez brusquement salué.

Je m'approchai de lui, et je lui remis la lettre de mon père. Aux deux premières lignes, il me tendit la main, m'adressa je ne sais quelle phrase grecque à laquelle je répondis en disant que je n'avois pas encore le bonheur de savoir un mot de grec; puis, m'invita à déjeuner, et sur mon refus, à dîner. Je n'avois aucun prétexte pour ne pas accepter. J'aurois cependant mieux aimé dîner chez madame Tesch.

La vieille servante revint, et lui rapporta des gazettes allemandes, une lampe, une boîte à tabac et une pipe. Il alluma sa pipe, et remplit devant moi un verre de bière que je me crus obligé à vider. Pendant qu'il parcouroit ses journaux, je l'aurois peint si je savois peindre.

Euloge Schneider n'avoit pas toujours porté ce prénom académique qui signifie *beau parleur* ou *savant spirituel*. Les éru-

dits le connoissent autrement. Il l'avoit pris
pour dissimuler les souvenirs de sa vie mo-
nacale, et pour entrer dans le monde en
laïque, sous le privilége d'une pseudonymie
parlante qui ne manquoit pas de prétention.
C'étoit un homme de trente-cinq ans, laid,
gros, court, et commun, aux membres ronds,
aux épaules rondes, à la tête ronde. Ce qu'il
y avoit de plus remarquable dans sa face
orbiculaire d'un gris livide, frappée çà et
là de quelques rougeurs, et criblée de petite
vérole, c'étoit le contraste de ses cheveux
noirs, coupés de très-près, avec ses sourcils
touffus et bruns sous lesquels étinceloient
deux yeux fauves, ombragés de cils roux.
Doué d'une immense aptitude à savoir, et
d'un esprit tout en ironie que j'ai trouvé
presque toujours à côté de la cruauté, il
n'avoit rien de ce qui touche, de ce qui
émeut, de ce qui lie le cœur, et je crois que
cette observation pourroit contenir la so-

lution d'un grand problème. Les méchans sont les hommes malheureusement organisés qui n'ont pas pu être aimés.

Toutes les fois que je me le rappelle comme je l'ai vu, imposant pour le petit nombre des savants qui pouvoient le juger, mais si peu sympathique de sentiment, si maladroit de faconde, et si repoussant d'extérieur pour tout le reste, je me demande avec étonnement de quelle autorité cet homme a balancé pendant six mois l'omnipotence de Saint-Just, opprimé une vaste et forte province, menacé la Convention, et inquiété la République.

Plus le dîner me faisoit peur, plus j'y fus ponctuel. Madame Tesch me l'avoit recommandé en m'embrassant, et elle m'embrassoit volontiers, parce que j'avois l'air, disoit-elle, d'une petite fille déguisée. C'est le premier banquet de ma vie où il ne s'élevât pas au-dessus de la nappe, à l'exception de ma tête, une tête qui n'ait été coupée depuis. Dès lors, cela m'est arrivé deux ou trois fois comme à tout le monde.

Les convives de Schneider se nommoient Edelman, Young et Monnet.

Edelman prendroit de droit une place dans les biographies, même quand la révolution auroit oublié de l'inscrire sur ses listes sanglantes. Mal organisé sous plus d'un rapport, il avoit été bien organisé pour les arts. La génération actuelle a pu admirer encore au théâtre sa belle et pompeuse musique d'*Ariane dans l'île de Naxos*, et je l'ai entendu vanter à l'égal de Gossec pour certains chants d'église. C'étoit un petit homme d'une physionomie grêle et triste. Son chapeau rond rabattu, ses lunettes inamovibles, son habit d'une propreté sévère et simple, fermé de boutons de cuivre jusqu'au menton, son

langage froidement posé et phlegmatique-
ment sententieux, composoient un ensemble très-médiocrement aimable, mais qui
n'avoit rien d'absolument repoussant. Uni
à Diétrich par une longue intimité, fondée
probablement sur leur commune passion
pour la musique, il devint un de ses premiers et de ses plus acharnés accusateurs;
je me souvenois de lui avoir entendu dire
avec un calme affreux dans sa déposition
contre le fameux maire de Strasbourg, au
tribunal criminel de Besançon : « Je te pleu-
» rerois parce que tu es mon ami, mais tu
» dois mourir, parce que tu es un traître. »

Young étoit un pauvre cordonnier, mais
il s'en falloit de beaucoup que ce cordonnier fût un homme commun. La nature
l'avoit fait poète; et sa figure lourde, aux
traits massifs et comme mal ébauchés, couronnée de cheveux durs et noirs que hé-

rissoit en touffes divergentes une pommade grossière, s'animoit d'une inspiration toute particulière, quand il débitoit ses odes et ses satires. Il ne composoit qu'en allemand, mais il savoit du latin et du grec, et lorsqu'une de ses pièces avoit présenté quelque allusion à un passage célèbre dans les classiques, il ne manquoit jamais de le rapporter en illustration à la fin de sa lecture. Il est presque inutile de dire que toutes ses inspirations étoient prises dans les événemens contemporains, et qu'il auroit peut-être été incapable d'en trouver ailleurs. Dans ces âmes emportées, violentes, et cependant naïves, la liberté avoit absorbé toutes les autres pensées. Si la définition de la monomanie, si commode aujourd'hui, avoit été inventée de ce temps-là, on auroit pu l'appliquer aux révolutionnaires de bonne foi, aux hommes de conscience et de cœur qui s'étoient dévoués aveuglément à d'ex-

travagantes et fatales théories, sans ambition et sans intérêt. Je ne parle pas des
autres.

J'ai dit que le troisième s'appeloit Monnet.
Celui-là m'étoit bien connu, et sa rencontre
fut pour moi une sorte de bonheur, car j'ai
vu peu d'hommes, dans mon enfance, qui
eussent plus de qualités propres à se faire
aimer. Monnet avoit été grenadier dans sa
première jeunesse. A vingt-cinq ans, il s'é-
toit fait prêtre; et il étoit devenu préfet du
collége de Besançon peu de temps avant sa
suppression. La révolution, qui le surprit à
vingt-huit ans, lui rendit sa liberté, qu'il
regrettoit probablement déjà d'avoir alié-
née; et la révolution le trouva reconnoissant.
Il étoit grand, beau, bien fait, quoique un
peu voûté, plein d'aménité, de politesse, et
de je ne sais quelle grâce triste qui attache.
Sa physionomie mélancolique étoit comme

empreinte d'un pressentiment sinistre. Il ne
sourioit pas sans amertume. Si cette vision
du passé, plus vive, plus instante que le
présent lui-même, pour un homme qui ne
vit plus que dans le passé, ne trompe pas
ma mémoire, il y avoit dans son cœur quelque mystère douloureux, dans son regard
quelques traits de défiance et d'effroi. Sa
joie à me revoir me tourmentoit, comme si
j'avois compris que c'étoit la dernière qu'il
eût comprise. Je crois qu'il s'étoit rendu
suspect aux hommes exaltés de notre pays
commun, par son généreux penchant vers
toutes les idées de modération, et que c'é-
toit ce qui l'avoit décidé à venir chercher
dans une ville où il seroit moins connu une
nouvelle réputation politique, ou, si l'on
veut, un abri contre le danger de son innocence. Cette démarche l'avoit perdu. Il ne
s'étoit pas jeté, à Strasbourg, dans le parti
extrême dont il avoit nécessairement les ex-

cès en horreur : il y étoit tombé; et voilà
ce que je sentis, sans le concevoir distinctement. Il faut avoir plus de onze ans pour
deviner comment la foiblesse peut contrac-
ter une solidarité involontaire avec la fureur ; comment la timidité peut devenir
auxiliaire de la démence ou complice du
crime. Cela m'a rappelé depuis ces saints de
pierre de la cathédrale, mutilés par la populace, et qui lui fournissoient de nouvelles
armes pour lapider ses victimes. Quelques
saints de chair sont devenus aussi des instrumens de mort dans la main terrible de
la révolution. Je me rendois un compte vague
de ces idées, pendant que la conversation
me révéloit peu à peu les passions effrayantes
de cette génération de malheur. En vérité,
j'ai compris depuis que les événements sont
bien plus forts que les caractères, et que
si certains hommes ont brisé les peuples
dans leur passage, c'est qu'ils ont été poussés.

par une puissance non moins irrésistible
que celle qui déchire les volcans, et qui pré-
cipite les cataractes. Chez une nation qui a
usé le frein de ses lois accoutumées, ou qui
l'a rompu, il en est de chaque individu en
particulier comme de la nation tout entière.
Il va, il va, il ne sait pas où il va.

Je prenois bien peu de part à ce formidable échange de pensées de mort, où tout
le monde entroit pour son intérêt personnel,
et qui étoient alors de droit défensif; mais
cela montoit mes idées, comme auroit dit
Edelman, à un diapason extraordinaire.
Cette alternative de mourir ou de faire mourir, cette question d'assassinat réciproque,
devenue un dilemme pressant dont la solution pouvoit avoir lieu le lendemain, cette
horrible loterie de têtes dont on balançoit
froidement les chances douteuses, et où
chacun des interlocuteurs avoit un enjeu

encore voyant, parlant et rempli de vie, cela est exécrable à penser! Le dîner fut extrêmement gai.

Ce que je pus saisir dans un entretien si extraordinaire pour moi, c'est que les révolutionnaires de Strasbourg s'étoient partagés sous deux drapeaux. L'un étoit celui des *nouveaux hommes d'état*, représentés dans la Convention nationale par Robespierre, et dans le département du Bas-Rhin par Saint-Just. Qui ne frémiroit de penser aujourd'hui que Robespierre et Saint - Just étoient *modérés* aux yeux de quelques hommes élevés dans ces belles et nobles études qu'on a si justement appelées *humaines,* et qui améliorent le cœur en éclairant l'esprit.....?

L'autre étoit porté par Schneider, qu'une logique d'extermination qui passoit de bien loin les doctrines aveugles et stupides de

Marat avoit poussé aux dernières consé-
quences de ce fanatisme anti-social. Cependant le *modéré* (je dois répéter que c'étoit Saint-Just) affectoit au moins une grande austérité de mœurs; et le capucin de Cologne étoit ami de la joie et de la volupté. Le premier jouoit au Stoïcien, le second à l'Épicurien ou au Cynique. C'est sous ces deux puissances effrayées l'une de l'autre, que palpitoit l'Alsace, effrayée de toutes deux.

Comme la révolution avoit deux grands prêtres à Strasbourg, elle y avoit deux temples consacrés à ses redoutables mystères, la société populaire, épurée par Saint-Just, et la *Propagande* de Schneider. On n'a pas connu cette nuance à Paris même. On a vu les Cordeliers disputer le pouvoir aux Feuillans, et les Jacobins triompher des Feuillans et des Cordeliers; mais personne ne s'avisa d'y enchérir sur les Jacobins. Le ressort de la Propagande se brisa trop tôt pour cela.

La première leçon que je reçus de mon professeur de grec fut la défense de visiter cette société populaire, infectée des mauvais principes du *modérantisme* conventionnel. Young insista sur la nécessité de me nourrir des précieux enseignemens de la *Propagande*, et il appuya cette opinion de quatre vers d'une de ses odes, que Schneider s'empressa de traduire à mon usage, et qui se sont conservés sans altération dans ma mémoire. On le comprendra aisément :

« Il faut que l'enfant lui-même quitte le sein pusillanime
    de sa mère,
» Qu'il s'ébatte sur le cercueil d'un tyran avec plus de joie
    que dans son berceau,
» Qu'il agite pour hochets des ossemens et des sceptres
    rompus,
» Et qu'il suce le lait héroïque, le lait sanglant de la li-
    berté. »

Ces recommandations étoient d'autant

plus pressantes, que le citoyen Schneider
alloit me laisser long - temps abandonné à
moi-même et aux soins de madame Tesch.
Les triomphes de Pichegru, qui reconqué-
roit nos frontières en courant, et qui dé-
barrassoit le pays de ses ennemis extérieurs, dans le temps physique dont ils
avoient besoin pour fuir ou pour mourir,
le laissoient malheureusement ouvert à
d'autres ennemis plus dangereux pour la
liberté que tous les rois de la coalition.
Schneider partoit le jour suivant, accompagné de ses hussards de la mort, et alloit
promener de village en village un échafaud
nomade, pour exercer sur les infortunés
qui s'étoient laissé piller par les Autrichiens
la vengeance nationale. Ce voyage pouvoit
être long, car le nombre des proscrits étoit
à la discrétion du juge.

Je restai seul : le lendemain, à dix heures

du matin un peu passées, je traversois la place d'Armes ; il y avoit au bout de cette longue place, du côté de la *Maison rouge*, un échafaudage d'une forme singulière dont je compris rapidement l'usage : on venoit de décapiter une pauvre femme de quatre-vingts ans, qui étoit convaincue, par son propre aveu, d'avoir donné du pain à un soldat autrichien affamé ; l'exécuteur relevoit le couteau sanglant dont la permanence menaçante n'auroit été concédée alors pour aucun des autres priviléges de la liberté. Le tambour roula, et je m'enfuyois quand je vis venir la *Propagande* : je la suivis machinalement.

C'étoit une chose étrange que la *Propagande*. Composée des énergies les plus adultes et les plus vivaces du temps, elle avoit conservé des mœurs de la jeunesse un peu de grâce et d'élégance. Quelques-

uns de ses membres se distinguoient même
par un costume presque recherché. Ils portoient une veste courte, mais très-propre,
qu'entouroit une ceinture tricolore étoffée,
munie d'excellentes armes, et à laquelle
étoit suspendu un large couteau de chasse.
Le bonnet rouge, ombrageant à la phry-
gienne un front couronné de beaux cheveux bouclés qui descendoient de part et
d'autre sur les épaules, ne manquoit pas
d'agrément; leur col nu, leurs grands pistolets aux pommeaux brillans, leurs bro-
dequins de cuir écru, l'ensemble entier de
leur physionomie pleine d'un calme qui,
dans ces jours décisifs, pouvoit passer pour
du courage; les chances de mort qui les
suivoient de si près, et que j'avois apprises
la veille : il n'en falloit pas tant pour exciter quelque curiosité sympathique dans un
cœur d'enfant.

Ils arrivèrent au pied de cet horrible échafaud, à travers la foule qui s'éloignoit de crainte de se compromettre. L'orateur s'agenouilla, se releva, et puis, retourné vers nous, il remercia, il *panégyrisa* la guillotine, au nom de la liberté, avec un choix d'expressions si gracieusement effrayantes, avec un *anacréontisme* si désespérant, que je sentis une sueur froide ruisseler sur mon front et baigner mes paupières. Je voudrois oublier tout ce qu'il y a de triste dans mes souvenirs; mais j'écris *mes souvenirs*, et je n'ai pu l'oublier encore, cette procession fanatique de la *Propagande* qui avoit le bourreau pour pontife, et la guillotine pour reposoir!

Ceci se passoit en *frimaire*, du *deux* au *cinq* ou *six décembre;* et je ne devois revoir Schneider qu'une fois. Je ne m'informai pas de ses voyages dont les biographies

rapportent d'horribles circonstances, qu'on
relègueroit volontiers à l'histoire des vam-
pires et des goules, mais que Saint-Just re-
cueilloit de toutes les bouches, et qu'il avoit
quelque intérêt à ne pas atténuer. Bien décidé à n'écrire que ce que j'ai vu, je ne leur
emprunte un fait qu'autant qu'il peut se
rattacher à mes impressions, et qu'il m'explique ou me développe des idées mal ar-
rêtées dans ma mémoire. Il paroît que cette
funeste excursion acheva de briser son intelligence, et qu'il devint fou furieux de
l'ivresse du pouvoir absolu, comme Maza-
niel. Je ne sais pas ce qu'il y a de vrai dans
ces impôts levés en têtes humaines dont
on prétend qu'il a frappé quelques villages,
et qui motivèrent sa condamnation devant
le tribunal de Fouquier. Ce qui paroît certain, c'est l'événement qui causa sa perte,
et que je raconterai avec plus de brièveté
que cette longue exposition ne le promet-

toit, parce que je le raconte sur le témoignage presque unanime des ouï-dires, mais
seulement sur leur témoignage, c'est-à-dire
sur des perceptions qui ne sont pas les
miennes, et que je ne sais pas décrire. Je
ne devois rentrer comme spectateur dans
ce drame affreux qu'à sa péripétie.

Une chose qui paroîtra difficile à concevoir, c'est que la formidable logique de
Schneider, tout en atteignant aux dernières
conséquences de sa doctrine, n'avoit pu sa-
tisfaire à toutes les exigences de quelques
esprits rebelles à la conviction, et qui
comptoient pour rien toutes les garanties,
chez un homme auquel il en manquoit une.
L'uniforme presque militaire du commissaire rapporteur n'avoit fait oublier encore
ni le froc du capucin, ni la soutane du cha-
noine, et le moine de Cologne nuisoit souvent à la popularité du terrible dictateur de

Strasbourg. Une voix élevée du milieu de la société populaire de Brumpt, dans le cours d'une des excursions tragiques dont j'ai parlé, ne craignit pas de rappeler à Schneider cette tache infamante du sacerdoce qui le rendoit irrémissiblement suspect aux amis de la liberté, et de lui conseiller pour tout moyen de transaction avec les principes un acte qui consacrât du moins solennellement son apostasie. Schneider n'étoit pas marié; son goût effréné pour les femmes se concilioit même assez mal avec les obligations d'un engagement chaste et légitime, et il ne falloit rien moins pour le décider à s'y soumettre que l'intérêt de cette popularité de cynisme et de sang à laquelle il avoit déjà fait tant de sacrifices. Dans cette dernière occasion, il ne vit aucun autre moyen de se soustraire au terrible argument qu'on lui opposoit, et l'amour des richesses put contribuer, d'ailleurs, à vaincre l'instinct d'indépendance et de débauche qui l'avoit dominé jusque là. Ses regards tombèrent sur une jeune personne de Brumpt, qui joignoit une immense fortune à toutes les perfections du corps et de l'esprit. C'étoit la fille d'un aristocrate en jugement, et Schneider l'avoit remarquée dans la foule des suppliantes qui, tous les jours, inondoient le prétoire. Le lendemain, la mise en liberté de l'accusé fut signée, et, par une apostille singulière dans un pareil acte, le proconsul l'avertit qu'il se proposoit de lui demander à dîner le même jour.

La jeune fille ne se trouvoit pas au banquet. C'étoit l'usage alors de la plupart des communes rurales de l'Alsace, et des provinces voisines, que les femmes n'y parussent point, et son père n'avoit pas jugé à propos de l'enfreindre ce jour-là. Schneider réclama sa présence, et on obéit. Il se piqua

d'abord d'esprit, de grâce, de politesse, et
toutes ces qualités ne lui manquoient point.
Puis il arriva, sans beaucoup de détours,
à l'objet de sa visite. Sa dialectique connue
le dispensoit suffisamment d'une recher-
che laborieuse de précautions oratoires.
L'homme qui tenoit le glaive suspendu sur
un peuple et sur une armée n'avoit pas
besoin de s'envelopper des misérables cir-
conlocutions des rhéteurs. Il demanda la
main de sa jolie hôtesse comme s'il avoit pu
y prétendre du droit de l'amour, et sans bles-
ser aucune convenance; puis, sans attendre
de réponse, il s'approcha de la croisée, l'ouvrit, et jeta un regard satisfait sur la place,
à la vue des apprêts qu'il avoit ordonnés.
Après avoir arboré de quartier en quartier
ses deux poteaux ombragés de panaches tri-
colores, et décorés de nœuds de rubans, on
venoit, pour la première fois, d'y dresser la

guillotine (1). Cet aspect porta une horrible lumière dans le cœur de l'objet infortuné des préférences de Schneider. Elle tomba aux pieds de son père en le suppliant de lui accorder pour époux l'homme bienfaisant auquel il devoit la vie, et en attestant le ciel qu'elle ne se relèveroit qu'après avoir obtenu cette faveur. Puis, se retournant vers Schneider : « Mais, dit-elle, j'exige de ta ten- » dresse une de ces grâces qu'on ne refuse » pas à sa fiancée. Il se mêle un peu d'or- » gueil à mon bonheur. Ce n'est pas à

(1) Des faits analogues ont été mis en Angleterre sur le compte de Jefferys; en France, sur celui de Joseph Lebon; Prudhomme impute le même crime à Cavaignac. Il est à souhaiter pour l'honneur de l'espèce humaine que tout cela soit faux. Je n'atteste sur l'histoire de Schneider à Brumpt que la rumeur publique. Je n'étois pas à Brumpt, mais j'étois à Strasbourg le 21 décembre 1793, et il n'y avait pas deux versions sur l'événement.

» Brumpt que le premier de nos citoyens
» doit accorder son nom à une femme; je
» veux que le peuple me reconnoisse pour
» l'épouse de Schneider, et ne me prenne
» pas pour sa concubine. Il n'est point de
» ville, ajouta-t-elle en souriant, où tu n'aies
» été suivi d'une maîtresse : on pourroit ai-
» sément s'y tromper. Il n'y a que trois
» lieues d'ici à Strasbourg; j'ai des mesures
» à prendre pour ma toilette de noces, car
» je veux qu'elle soit digne de toi; demain,
» à telle heure que tu voudras, nous par-
» tons seuls ou accompagnés, à ton gré, et
» je vais te donner la main devant les ci-
» toyens, les généraux et les représentans. »
Ces paroles, que rendoient cent fois plus
séduisantes l'élocution coquette et la piquante physionomie d'une Alsacienne; ces
paroles accompagnées, dit-on, de quelques
caresses, ne laissèrent pas à Schneider la
possibilité d'une objection. Cependant la
maison fut surveillée toute la nuit, mais per-

sonne n'avoit pensé à s'en éloigner; et quand
il arriva le matin, il la trouva pavoisée du
haut en bas, et présentant tout l'aspect d'une
fête. La future en descendit dans ses plus
beaux atours, et vint lui présenter la main
sur le seuil de cette salle basse où l'on prend
ordinairement le thé ou le café. Un déjeuner splendide y étoit servi. Bien qu'étourdi
de bonheur et d'orgueil, Schneider ne pen-
soit qu'à l'abréger. Les portes de Strasbourg
se fermoient alors à trois heures, et le
temps pressoit. Il devoit d'ailleurs le mettre
à profit pour répondre, par de grandes
marques d'éclat et de puissance, aux pro-
fusions de sa nouvelle famille et aux pré-
tentions de sa fiancée. Un courrier fut dé-
pêché à Strasbourg pour intimer la défense
de fermer les portes avant quatre heures.
Il est vrai que l'ennemi se retiroit alors,
et que Strasbourg n'étoit plus menacé,
mais les arrêtés de Saint-Just, qui avoient eu

force de loi pendant l'invasion austro-prus-
sienne, n'étoient point révoqués, et il en
étoit un qui portoit peine de mort pour
délai de clôture. Schneider lui-même l'avoit
fait exécuter.

Il étoit au plus trois heures et demie le
21 décembre, quand un cortége bruyant se
répandit dans la plus vaste rue de Strasbourg, et vint s'arrêter au-dessous du balcon de Saint-Just. Il y eut alors deux spectacles qui pouvoient partager à titres égaux
l'attention de l'observateur, ce théâtre où
se dénouoit le drame de Brumpt, et cette
tribune où il alloit se juger.

Schneider s'étoit fait précéder de quatre
coureurs, revêtus des couleurs nationales.
Sa voiture découverte, quoique le temps
fût douteux, étoit traînée par six beaux
chevaux. Il l'occupoit seul avec sa fiancée,
éblouissante de parure, et assurée de regard

et de maintien. Autour de lui caracoloient
fièrement et le sabre nu, les cavaliers d'élite
de son escorte, portant la tête de mort sur
leur baudrier, sur leur sabredache et sur
leur schakot, et plus hideux encore que de
coutume, d'une gaîté qui ne leur étoit pas
familière. Derrière tout cela, retentissoit
lourdement sur le pavé un char à quatre
larges roues, bas, étroit, peint de rouge,
traîné par deux chevaux chamarés et en-
rubannés, et sur lequel battoient de longs
ais rouges avec leur traverse rouge. Cet
appareil étoit accompagné de deux hommes
à cheval en blouses rouges, et dont le bonnet rouge étoit orné d'une large cocarde :
il étoit suivi d'une petite carriole dans laquelle étoit assis un homme pâle, maigre
et sérieux, que cherchoient tous les regards. Ce n'étoit cependant pas Schneider.

Une légère rumeur qui ne tarda pas à
s'étendre au loin annonça que Saint-Just

alloit paroître au balcon. Il y avoit dans sa démarche une sorte de brusquerie solen-nelle : il ne cherchoit pas l'accueil du peuple; il le réprimoit, au contraire, d'un geste sec et absolu. Ses cheveux épais et poudrés à neige sur ses sourcils noirs et barrés, sa tête perpendiculaire sur sa haute et ample cravatte, la dignité de cette taille petite, l'élégance de cette mise simple, ne manquoient cependant jamais leur effet sur la multitude. Il fit signe qu'on s'arrêtât, et on s'arrêta.

Le représentant du peuple venoit d'apprendre la violation de ses ordres, et tel étoit probablement le motif de la colère qui animoit son regard luisant et profond; mais ce sentiment, tout indomptable qu'il étoit dans son cœur, fit un moment place à la surprise, quand Saint-Just aperçut près de Schneider une jeune fille en habits de fian-

cée. Celle-ci, profitant du moment où elle
excitoit son attention, s'élança hors de la
voiture, et se jetant à genoux sur les pa-
vés : « Justice, s'écria-t-elle, justice, citoyen !
» J'en appelle à Saint-Just et à la Conven-
» tion ! » Puis elle raconta en peu de mots,
mais avec l'expression la plus éloquente,
l'horrible abus de pouvoir du tyran de l'Alsace. — Est-il vrai ! dit Saint-Just en appuyant sa main sur son front. Cela peut-il
être vrai ! —Tout le monde fut d'accord sur
les faits, sans en excepter l'homme de la
petite voiture que son intimité cordiale avec
Schneider rendoit un témoin imposant, et
qui déclara qu'il avoit reçu l'ordre de se
tenir prêt pour l'exécution du père de la
Young frau, s'il avoit refusé son consente-
ment au mariage. Saint-Just ne parloit pas,
ou tout au plus il murmuroit à basse voix
quelques mots confus : « Le voilà donc dé-
» voilé, l'exécrable capucin de Cologne ! »

Et puis, il mordoit ses poings, et frappoit à coups réitérés sur la barre de son balcon. « Qu'aurois-tu fait, dit-il enfin à la fiancée, » si tu ne m'avois pas trouvé disposé à te » rendre justice? — Je l'aurois tué ce soir » au lit, répondit-elle en montrant un poi- » gnard qu'elle avoit caché sous son corset. » Maintenant, je te demande sa grâce. — Sa » grâce! cria Saint-Just dont ce mot ré- » veilla la fureur. La grâce du capucin de » Cologne! A la guillotine! continua-t-il avec » une explosion incroyable dans un carac- » tère si méthodique et si mesuré. Qu'on le » mène à la guillotine! — Couperai-je la » tête? répondit respectueusement l'homme » maigre de la petite voiture. — Je n'en ai » pas le droit, dit Saint-Just, en frémissant » de dépit. Au supplice que le monstre a » inventé! qu'on l'attache à la guillotine » jusqu'à nouvel ordre.»

Et en effet, Schneider avoit inventé cette exposition à l'instrument permanent de la mort pour les cas peu nombreux de la législation révolutionnaire qui n'entraînoient pas nécessairement la peine capitale. On se rappelle à Strasbourg un négociant qui y a passé seize heures.

Comme j'étois à un point trop éloigné du lieu de la scène pour en saisir tous les détails, et que ces détails se traduisoient en allemand dans la conversation de la foule, je n'emportai aucune idée distincte de l'événement. J'avois passé quelques minutes au Breuil, dont la tristesse, dans cette saison rigoureuse, convenoit déjà à mes rêveries d'enfant, et je me dirigeois vers l'hôtel de madame Tesch, quand en débouchant du passage de la Pomme-de-Pin, je me trouvai entraîné par une nouvelle cohue, qui se grossit bientôt de toute la population de

Strasbourg, et qui se déborda comme un torrent sur la place d'Armes, en roulant vers l'échafaud. Un moment elle se resserra encore pour faire place à quelque chose de terrible : c'étoit Schneider saisi des deux côtés par ces deux valets de bourreau, en blouses rouges, qui lui servoient d'heiduques un moment auparavant, précédé par cet homme pâle que j'avois vu dans une petite calèche, et suivi de deux de ses hussards de la mort, qui le piquoient, en riant, de la pointe de leurs sabres, pour le faire avancer. Je frissonnai d'horreur et de pitié; mais je ne pus pas même me détourner pour éviter ce spectacle. Heureusement je pense qu'il ne me vit pas. Ses petits yeux paroissoient fondus dans leur orbite. Sa pâleur étoit affreuse; et cependant il essuyoit de la sueur sur son front. A mesure qu'il approchoit de la guillotine, les acclamations redoubloient de violence ou d'allégresse; car

je les entendois sans les comprendre. Bientôt il se fit un grand silence, et je compris
que Schneider montoit à l'échafaud : mais
je ne savois pas si c'étoit pour mourir; et
c'est ce qu'aucun de mes voisins ne pouvoit
m'expliquer parce qu'il n'y en avoit pas un
qui parlât françois. Après cela, les acclamations se succédèrent et s'interrompirent avec
des intermittences effrayantes. C'étoient des
cris menaçans, et puis une attente silen-
cieuse, et puis des applaudissemens éclatans; et à chaque fois, je croyois que sa tête
tomboit, et je m'élevois sur mes pieds pour
chercher le sommet de l'appareil de mort,
et m'assurer que le couteau étoit encore suspendu; et je me trouvois heureux de voir
tout en haut ce fer sanglant dont l'aspect
m'avoit épouvanté la veille. Les efforts que
je faisois pour m'éloigner et peut-être aussi
le mouvement de cette masse ivre de fureur
et de joie, me rapprochèrent d'un volon-

taire du midi, qui dépassoit cette multitude
de toute la tête, et qui se croyoit obligé
à communiquer au loin le programme de
cette cruelle cérémonie. «On lui a fait ôter
» sa cocarde, crioit-il! Respect aux cou-
» leurs nationales! On lui a enlevé son
» chapeau! Respect au peuple! On lui fait
» déposer maintenant son habit.....; mais
» pourquoi cela? c'est que c'est un habit
» militaire. Et la pluie qui tombe si froide!
» — C'est du givre. — Cela le pénètre
» comme des aiguilles; aussi voyez comme
» il grelotte. En vérité, ce seroit lui rendre
» service que de le guillotiner tout de suite.»
Et il n'avoit pas fini qu'un cri universel s'é-
leva. Qu'est-ce que cela veut dire? dis-je
à un de mes nouveaux voisins. Cela veut
dire : *sous le couteau*, répondit-il. Cette
voix m'étoit connue; je regardai : c'étoit
Monnet. Ah! Monsieur Monnet, m'écriai-je!.
— Tais-toi, reprit-il, en posant son doigt

sur sa bouche..... — Le tuera-t-on ? — Non,
dit Monnet; voilà des cavaliers qui s'ap-
prochent, et le bourreau qui descend : c'est
pour une autre fois.

La foule s'étoit dissipée à la suite d'une
chaise de poste que Saint-Just venoit d'envoyer, et qui conduisoit Schneider à Paris,
sous bonne et sûre garde. Monnet me prit
les mains et me dit : « L'illusion du pou-
» voir a rendu Schneider furieux. C'est un
» monstre; mais on va tirer de là des in-
» ductions funestes contre les vrais répu-
» blicains. Saint-Just a triomphé, et la liberté
» est perdue au bénéfice d'un tyran. Dis
» cela à ton père. » Il m'embrassa et me
quitta.

La nuit suivante on arrêta les complices
de Schneider, et ils furent traduits, comme
Schneider, au tribunal révolutionnaire de
Paris.

Euloge Schneider, de Vipefeld, fut déca-
pité le 12 germinal an II, 1ᵉʳ avril 1794,
« comme convaincu d'avoir, par des concus-
» sions et vexations immorales et cruelles,
» par l'abus le plus révoltant et le plus san-
» guinaire du nom et des pouvoirs d'une
» commission révolutionnaire, opprimé,
» volé, assassiné, ravi l'honneur, la fortune
» et la tranquillité à des familles paisibles. »
Ce sont les termes du jugement.

Young, Edelman et mon pauvre Monnet moururent sur le même échafaud les
jours suivans.

Robespierre le Jeune,

ET

DE LA TERREUR.

***

Je n'avois pas douze ans; mais à l'époque dont je parle, la forte éducation des événemens venoit, si l'on peut s'exprimer ainsi, d'émanciper l'enfance. Il n'y avoit point de spectateur froid dans ce grand drame, et les distractions qui suivoient nos études de collége étoient plus sérieuses et plus imposantes que les hautes leçons de l'histoire et de la poésie. La tragédie couroit les rues.

C'étoit à Besançon; tout annonçoit à la société populaire une séance solennelle. La foule se pressoit depuis le matin à ses portes. Deux conventionnels devoient, dit-on, y demander réciproquement leur tête, et dans ce temps-là, ces figures oratoires étoient autre chose que d'effrayantes hyperboles. Le résultat ne tardoit pas à les vérifier. C'est cette séance que je veux raconter, non qu'elle se distingue par une grande importance historique de mille événements du même genre, mais parce qu'il me sera peut-être permis d'en tirer une induction qui est, je ne sais pourquoi, toute neuve. On verra si elle sort évidemment des faits.

Robespierre le jeune fut envoyé en mission dans le département de la Haute-Saône au mois de mai 1794, trois mois à peu près avant le 9 thermidor. Je ne sais quel étoit l'objet particulier de son voyage, mais personne n'a oublié l'immense intensité de ce pouvoir proconsulaire. Toutefois il devoit le partager avec un de ses collègues. Celui-ci se nommoit Bernard de Saintes.

Bernard étoit un homme de cinq pieds neuf pouces, d'une cinquantaine d'années, dont la taille étoit droite et très-menue; le port roide et assuré, la physionomie d'une imperturbable austérité, que n'avoit jamais égayé un sourire. Ses yeux étoient ardens, ses sourcils noirs, son teint bilieux et bronzé, sa maigreur effrayante. Il avoit le parler bref et sévère, sans élégance et sans chaleur, mais non pas sans je ne sais quelle autorité menaçante qui résultoit de tout

l'ensemble de sa redoutable personne. Athée
déclaré, et irréconciliable ennemi de tout
ce qui pouvoit rappeler un culte, il s'étoit
empressé d'échanger ses deux prénoms d'A-
drien-Antoine, contre les mots qui concou-
roient avec eux dans le ridicule calendrier
du docteur Romme, et ceux-ci étoient
Pioche et *Fer*. On n'auroit pas mieux rencontré pour caractériser le terrible Bernard.
J'ajouterai, afin de rendre tous mes souvenirs, qu'il passoit pour avoir des mœurs
sobres et pures, et que son républicanisme
inflexible et cruel étoit en lui une espèce
de religion.

Robespierre arriva à Vesoul, mais il ne
descendit point à l'hôtel qu'occupoit son
collègue. Il alla prendre son logement chez
un procureur nommé Humbert, qui étoit
connu par des principes fort opposés à la
révolution, et dont le nom se trouvoit

même porté sur la liste des suspects, mais qui avoit eu l'étrange bonheur de faire ses premières études avec Robespierre l'aîné. Cette particularité imprima le mouvement le plus singulier à l'opinion. Le soir, après avoir communiqué avec Bernard pendant plusieurs heures, Robespierre se rendit à la société populaire, la remercia de ses travaux, l'encouragea dans son zèle, et par une péripétie tout-à-fait inattendue, lui apprit qu'on s'étoit trompé dans les départements sur la juste et bonne direction du gouvernement révolutionnaire, qui n'avoit pour objet que le bien de tous, et qui ne devoit se faire connoître que par des bienfaits. Il parla de conciliation, d'indulgence, d'amnistie universelle, et descendit de la tribune au milieu d'une rumeur d'étonnement qui ne présentoit d'ailleurs rien d'hostile. Au lever du soleil, huit cents détenus d'opinion furent rendus à la liberté, en vertu d'un arrêté signé *Robespierre* et *Bernard*. L'aspect de la ville changea en un moment. Elle offrit le tableau d'une fête. Les cris de *vive Robespierre* se firent entendre partout. Des jeunes filles en robes blanches, des épouses consolées, des mères qui venoient de revoir leurs enfans qu'elles croyoient perdus à jamais, entourèrent la modeste retraite du représentant, et la décorèrent de fleurs et de rubans. Le nom de Bernard ne fut pas prononcé au milieu de ces hommages naïfs et indiscrets. Il rentra à Besançon, la rage et l'envie dans le cœur.

C'étoit à la séance de la veille qu'il avoit paru, et qu'il s'étoit accusé d'une lâche foiblesse, déterminée par les perfides séductions de Robespierre. Il venoit de rendre à la liberté des aristocrates pour qui la vie étoit déjà un bienfait du peuple, et qui ne devoient sortir des prisons que pour aller à l'échafaud. Rien ne pouvoit expier ce fatal abus de son pouvoir que la mort de deux représentans, traîtres à la patrie; et il supplioit la société populaire d'apostiller la dénonciation qu'il adressoit au Comité de salut public, pour lui demander la tête de Robespierre et de Bernard. La société populaire ajourna sa délibération, jusqu'au moment où elle auroit entendu Robespierre. Bernard se retira de la séance, en disant qu'il n'y pouvoit reparoître que comme accusé. Je ne sais si je me trompe, mais ces folies, aujourd'hui incroyables, avoient au moins un grand caractère, et faisoient vivre l'âme dans une haute région de passions et d'idées.

Après cette avant-scène indispensable, nous allons ouvrir les grilles de la vieille église des Capucins, où siégeoit le club peu

turbulent de la noble cité de Besançon, si
connue par la douce gravité de ses mœurs.
Il est vrai qu'elle n'avoit fait en quelque
sorte que reprendre des habitudes républicaines à peine effacées, et dont une partie s'étoit conservée dans la tradition. Peu
engagée envers les Bourbons, dont elle étoit
depuis cent ans la conquête, elle se plioit
aisément à une nouvelle forme de police
qui se rapprochoit un peu de sa police
ancienne, et presque tout le monde y seroit
arrivé sans brisement, si la révolution, mieux
faite, n'étoit pas tombée dans d'indignes
mains, comme elles tombent toutes. Le jour
dont je parle, un sentiment universel de fa-
tigue et de douleur brisoit l'âme de tous ces
patriotes si long-temps entraînés des erreurs
aux excès, et je les voyois se serrer la main
avec un sourire amer et un geste de pitié.

Le président de la société populaire étoit

un de ces hommes élevés de caractère, élevés de talent, inaccessibles à tout reproche, qu'on s'étonnoit quelquefois de voir mêlés au mouvement passionné de l'époque, mais dont l'impénétrable secret ne doit pas être discuté. Son calme plein de fermeté et de douceur, son éloquence pleine d'heureuses insinuations et de sages ménagements, la noble dignité de ses manières, l'avoient fait choisir pour dominer sur cette scène inquiétante, et pour en changer habilement le cours, si elle devenoit trop grave. Bernard étoit assis immobile au bout d'une banquette, reconnoissable seulement aux rayons de feu qui sortoient de ses yeux enfoncés, et qui lui donnoient quelque chose de la physionomie d'un oiseau de proie. Enfin Robespierre entra.

Robespierre le jeune n'avoit qu'une trentaine d'années, mais sa tournure fatiguée, son regard obscurci par des lunettes de couleur, son front peu garni de cheveux, ses traits longs et prononcés, son teint hâve lui donnoient l'air beaucoup plus vieux. Il avoit une redingote fauve, un grand pantalon blanc, un gilet fort ouvert qui laissoit voir de très-beau linge. Le col de sa chemise retomboit des deux côtés de sa cravate; mais il y avoit dans sa négligence même, du goût et de la propreté. Il monta à la tribune.

Tout le monde attendoit en silence, quand un épisode, qui caractérise ce temps-là, vint porter sur un autre point l'attention de l'auditoire. Il se trouvoit parmi les membres de la société un ferblantier à la taille colossale, aux formes athlétiques, à la voix de Stentor, qui ne prenoit jamais la parole que pour des motions d'ordre assez remarquables par leur concision énergique et par leur tour original. C'étoit le *paysan du Danube* de l'assemblée. « Citoyens, dit-il, les réglemens de notre société interdisent l'entrée de son enceinte aux femmes; je suis marié, je suis père, et je n'y ai jamais amené ni ma fille ni ma femme. Robespierre, qui n'est ni marié ni père, y a amené une femme. Je demande qu'elle sorte, ou que le procès-verbal atteste au moins qu'un républicain a protesté aujourd'hui contre l'aristocratie de Robespierre. » Il faut se rappeler ce que c'étoit alors que Robespierre, il faut savoir quelles étoient les suites presque inévitables de ces polémiques de club, pour apprécier cette anecdote. Robespierre parut étonné, mais il fit un signe, et la femme qui l'avoit accompagné sortit de l'enceinte : au même instant tous les regards se fixèrent sur elle. Je ne la trouvai ni belle ni jolie, et cependant

son aspect me fit une profonde impression.
Il y avoit quelque chose de pénétrant, de
caustique, et presque d'infernal dans son
regard et dans son sourire. On supposoit
à peine qu'elle fût la maîtresse de Robespierre, dont l'âpreté cénobitique et la physionomie pâle et macérée sembloient exclure
l'idée de l'amour. Chose étrange! dans ce
temps, où l'idée de Dieu passoit pour un
préjugé, le bruit se répandit que la compagne de Robespierre étoit une créature
d'une organisation supérieure, qui avoit
le privilége de lire dans les âmes, et qu'il
la conduisoit avec lui pour le seconder dans
un mystère de rédemption, où elle étoit
chargée de la séparation des bons et des
mauvais. J'atteste ce fait pour l'avoir entendu répéter cent fois. Pauvre peuple!

Le tumulte s'apaisa. La voix de Robespierre se fit entendre. Le timbre en étoit

assez monotone, glapissant dans les tons
hauts qu'il affectoit volontiers pour varier
son débit, sans nombre, sans vibration,
tout-à-fait incapable de se prêter aux in-
flexions de la grâce, ou à l'onction du sentiment, mais éminemment propre, selon
moi, aux figures d'ironie et de dérision.
J'ai souvent entendu dire depuis que Robespierre le jeune étoit un homme nul. Je
ne le crois pas. J'étois certainement fort
peu en état de le juger alors comme orateur; mais aujourd'hui même, que je crois
l'entendre encore, je me rappelle à mer-
veille la distribution de son discours, évidemment improvisé, et j'y trouve de l'esprit
et du talent. Il commença par rappeler les
faits de son passage à Vesoul, et par expliquer la conduite qu'il y avoit tenue. Il
entra franchement dans le fond de la question, en déclarant, comme il l'avoit fait,
qu'à l'exception de quelques grandes com-

munes, il n'y avoit point de fédéralistes dans
les départements. Il ajouta que le nombre
des suspects avoit été multiplié par une
extension cruelle des lois, et porté beaucoup
au delà de son expression raisonnable. Il
insinua adroitement que c'étoit une manœuvre de l'aristocratie, cachée sous le
masque d'une fausse ferveur patriotique,
et qui cherchoit à prouver à l'Europe que
ce n'étoit pas l'immense majorité de la
France, la France presque unanime, qui
vouloit la révolution. Il termina cette dé-
duction adroite de principes, en déclarant
que le devoir des patriotes étoit de faire
adorer la Montagne, et non de la faire
craindre. Il n'évita pas de laisser échapper
le nom de la terreur, terme alors sacramentel, et de lui rendre des actions de grâce,
mais en ajoutant, ce sont ses termes, que
ce système étoit sauveur et non conserva-
teur, et qu'utile au triomphe de la liberté,

il ne pouvoit que nuire à son affermissement. C'étoient là les généralités de la question.

Il passa ensuite à ce qui lui étoit particulier, c'est-à-dire à ses rapports avec Bernard de Saintes, et à la dénonciation que celui-ci avoit portée contre lui. Cette partie de la discussion, très-longue et très-peu variée dans la forme, est ce qui m'a laissé le sentiment le plus positif de la direction essentielle de son esprit. Ce fut une interminable ironie sur la nullité morale et politique de Bernard de Saintes, toute nourrie d'allusions à l'exiguité de son corps. « Il croyoit que quelqu'un de ce nom s'étoit glissé dans la Convention nationale par le trou de la serrure. S'il s'étoit trouvé auprès de Bernard, c'étoit sans l'apercevoir. Il se souvenoit à peine de l'avoir vu s'effacer quelquefois entre deux membres de la Montagne. Il ne l'avoit reconnu à Vesoul que parce qu'il étoit sûr de n'avoir jamais

rien rencontré de plus mince. » Les éclats de
rire des tribunes couvroient tous ces quo-
libets, débités avec un calme effrayant;
j'allois dire cruel, tant ils révéloient de haine
et de froide vengeance dans un homme qui
tenoit une si grande part de l'omnipotence
révolutionnaire.

C'est dans ce moment que le président
crut devoir faire intervenir son autorité con-
ciliatrice. Il interrompit Robespierre, et
conjura sa colère au nom des intérêts de la
liberté, dont les défenseurs ne se divisoient
pas sans danger pour elle; au nom de l'harmonie des citoyens, qui étoit troublée par
ces débats; au nom de sa propre gloire et
de l'illustration *d'une famille appelée à de
si hautes destinées.* Cette phrase, échappée
à une mauvaise habitude de cour ou à un
faux calcul de convenances, suggéra à Robespierre jeune un mouvement remarqua-

ble. Il me parut éloquent, et c'est une raison pour que je ne cherche pas à rendre ses paroles. Il s'éleva contre cette *illustration* et ces *destinées* promises à une famille. Il s'indigna contre le penchant de certains hommes à rétablir dans l'opinion les priviléges qu'on venoit d'arracher à la noblesse; il indiqua cette tendance comme un des plus grands obstacles qu'on pût opposer à la liberté. Il ajouta que si son frère avoit rendu quelques services à la cause de la patrie, son frère en avoit reçu le prix dans la confiance et l'amour du peuple, et qu'il n'avoit, lui, rien à réclamer. « Ces ac- » ceptions de noms, continua-t-il, sont une » des calamités de l'ancien régime! Nous en » sommes heureusement délivrés, et tu pré- » sides cette société, toi qui es d'une fa- » mille d'aristocrates et qui es le frère d'un » traître!.... Si le nom de mon frère me don- » noit ici un privilége, le nom du tien t'en-

» verroit à la mort. » — Puis, retournant à
sa tournure favorite, et s'adressant au ferblantier : «Rassure-toi, brave républicain :
» ce n'est pas aux Robespierre que l'aris-
» tocratie des noms commencera, et si
» étroite et si légère que soit la tête de
» Bernard, la mienne ne pèsera pas plus
» que la sienne dans la balance de la jus-
» tice.» Il descendit de la tribune au milieu
de nouveaux éclats de rire et de nouvelles
acclamations, traversa l'enceinte, rejoignit
sa compagne, et se rendit à sa chaise de
poste. La cour de l'auberge étoit pleine de
femmes qui l'attendoient avec impatience
pour lui présenter les réclamations des détenus. Il n'avoit qu'un mot à dire pour
éteindre toutes ces espérances qui se manifestoient par mille démonstrations de tendresse, car il étoit, dans ce temps-là, facile
d'être aimé. Les pouvoirs de sa mission
avoient cessé aux bornes du département.

Il ne pouvoit plus rien pour personne, mais il promit à la foule, si émue par son refus, qu'il porteroit sa plainte à la Convention, qu'il dévoileroit devant elle les injustes et horribles rigueurs des proconsuls, et finit par cette phrase que je n'ai pas pu oublier : « Je reviendrai ici avec le rameau d'or, ou je mourrai pour vous; car je vais défendre à la fois ma tête et celle de vos parens. » La voiture partit, suivie de cris de douleurs. Toute la famille des proscrits pleuroit, et, chose qu'on auroit peine à croire si on ne le savoit pas de toute la certitude du souvenir, elle pleuroit Robespierre!

Sa prédiction alternative se réalisa. Trois mois après, arriva le 9 thermidor; Robespierre le jeune n'étoit pas accusé. Il s'écria qu'il vouloit partager le supplice de son frère, puisqu'il avoit été complice de ses vertus. Dans ce temps-là on faisoit beaucoup de phrases à effet; mais les phrases à effet ne sont pas ridicules, quand l'homme qui les prononce a un pied sur le seuil de la tribune et l'autre sur le premier degré de l'échafaud. Maintenant cela fait pitié. On avoua que le dévouement de Robespierre jeune respiroit quelque chose de l'antiquité. Prisonnier à la Commune, quand il vit son frère mutilé par un gendarme, et agonisant sur une table, il s'élança des hautes croisées sur les baïonnettes de la troupe qui entouroit l'Hôtel-de-Ville, et s'y roula comme Régulus. Il ne vécut que ce qu'il falloit de temps pour mourir sous la main du bourreau; et cette mort a sans doute expié ce que tout le monde reproche à sa vie. Il faut convenir que cela n'est pas mal.

La nouvelle du 9 thermidor, parvenue dans les départemens de l'Est, développa un

vague sentiment d'inquiétude parmi les républicains exaltés, qui ne comprenoient pas
le secret de cet événement, et qui crai-
gnoient de voir tomber le grand œuvre de
la révolution avec la renommée prestigieuse
de son héros; car derrière cette réputation
d'incorruptible vertu qu'un fanatisme incroyable lui avoit faite, il ne restoit pas un
seul élément de popularité universelle, un
nom auquel les doctrines flottantes de l'é-
poque pussent se rattacher. Mais ce fut
bien autre chose dans les rangs opposés.
Hélas! se disoit-on à mi-voix, qu'allons-nous
devenir! Nos malheurs ne sont pas finis,
puisqu'il nous reste encore des amis et des
parens, et que MM. Robespierre sont morts!
et cette crainte n'étoit pas sans motif; car le
parti de Robespierre venoit d'être immolé
par le parti de la terreur.

Ce que je dis là est si bizarre, si abrupt

si inopiné, que tout mon scepticisme politique ne sauroit me dispenser d'une espèce
de profession de foi. Ce n'est pas moi, grâce
au ciel, qui viendrai déterrer les linceuls
couverts de boue et de sang de ces tribuns
frénétiques de la Montagne, pour les ériger
en drapeau, à la tête d'un parti. Il n'y en a
pas un qui puisse exciter une noble sympathie; et c'est tout au plus si quelque at-
traction involontaire me décideroit aujour-
d'hui entre la larve hideuse de Marat et le
spectre gigantesque de Danton. Celui-ci domine de beaucoup, à mes yeux, les deux
Robespierre, hommes essentiellement secs,
faux, froids, despotiques et sans pitié. Mais
ce que je viens de raconter dénonce un rôle
convenu; et c'est ici que la trame de l'histoire manque, et qu'il faut la renouer.

Robespierre l'aîné, on n'en doute pas,
étoit l'expression personnifiée de la Conven-

tion : il le savoit aussi ; et il avoit dit admirablement : « On ne va jamais plus loin que
» quand on ne sait pas où l'on va ; » mais
quiconque a dit cela sait précisément où il
doit aller ; et comme il est impossible de savoir où l'on doit aller sans avoir des idées
d'ordre, c'est à l'ordre qu'alloit Robespierre,
soit instinctivement, soit par combinaison.
Il en avoit senti le besoin. Il avoit par conséquent senti la nécessité du pouvoir ; car il
n'y a point d'ordre sans pouvoir.

En regardant autour de lui, Robespierre
dut s'apercevoir qu'il étoit le seul dans toute
la France, ainsi qu'on nous l'avoit faite, qui
pût s'investir d'une confiance populaire assez vaste pour rétablir l'ordre ; il desiroit
donc le pouvoir, et c'étoit alors le mériter.
J'ai besoin de répéter que je suis loin de
plaider pour Robespierre, et que je cherche
l'intelligence des faits. Jetez cent assassins

ensemble sur une terre déserte, avec quelques moyens d'existence : au bout de dix
ans ils auront un chef, des institutions et
des mœurs; c'est ainsi que finissent toutes
les grandes aberrations sociales. C'est ainsi
que Robespierre avoit entrepris ce qu'a exécuté Napoléon. Sa fête de l'Être-Suprême est
l'ébauche d'un concordat; ses pages, plus
belles qu'on ne le dit communément, sur
les vertus républicaines; cette vaste et confuse improvisation du 8 thermidor, où il
accuse les excès et les fureurs passées, rap-
pellent l'interpellation de Bonaparte aux in-
fracteurs de la Constitution; son recours du
9 thermidor à la partie calme et saine de
l'assemblée, c'est le cri de Bonaparte qui
atteste les acclamations d'amour et de reconnoissance qui l'ont accueilli aux Anciens.
Voilà la marche éternelle des Sociétés :
OEdipe qui règne après avoir vaincu le
Sphynx, Alexandre qui tranche le nœud

gordien, le héros après le sophiste, et le sabre après la parole. Il ne s'agit pas ici de comparaison de facultés; quoique je ne m'abuse point sur ces grandeurs contemporaines qu'on bâtit à coups de plumes pour la postérité, et qu'elle adoptera niaisement comme nous en avons adopté tant d'autres. Je ne vois dans Robespierre qu'un homme médiocre porté par des événements, et je vois dans Napoléon un homme pour lequel mon imagination conçoit à peine la possibilité d'une vie vulgaire. Cette comparaison ne repose que sur un fait qui leur est commun, leur nom exprime, à deux époques très-rapprochées, *le pouvoir absolu.*

Les personnes qui doutent de la direction rétrograde de Robespierre font valoir son alliance avec les Jacobins et la Commune, beaucoup plus extrêmes à la vérité que la Convention elle-même. C'est un fait qui ne

peut pas se contester ; mais Robespierre savoit que les puissances politiques du temps
étoient dans la Convention et dans le Comité de salut public : il lui falloit un levier
pour ébranler ce monde révolutionnaire, et
il ne pouvoit le prendre qu'où il l'a pris. Le
lendemain d'un triomphe, le plus obscur
des amis de Robespierre auroit fermé les
Jacobins avec la même facilité que Legendre, et en auroit mis comme lui les clefs
dans sa poche. Les Jacobins et la Commune
étoient à la vérité une arme terrible, mais
une arme insaisissable, qui n'avoit de valeur
que dans la main qui l'avoit forgée. Elle dépendoit tellement de Robespierre, qu'à l'instant où Robespierre tomba, elle resta immobile à côté de lui, semblable à ce vieux
glaive qui est couché à Cantorbéry sur le
marbre mortuaire du Prince Noir ; on n'en
a plus parlé depuis.

L'appel tardif de Robespierre à la partie modérée de l'Assemblée, aux *honnêtes gens*, comme il dit, ne produisit pas l'effet qu'il attendoit, sans doute, de ce mouvement oratoire étrange et inattendu. Les *honnêtes gens*, dans l'acception reçue de ce mot, ont plus de prudence que de courage, et ils se trouvent quelquefois de l'esprit à force de prudence et d'égoïsme. Ceux-ci se taisoient avec quelque raison entre ces deux fractions de la Montagne dont le déchirement n'annonçoit que des catastrophes assez favorables aux survivans; ils étoient là comme ce Jésuite des missions, menacé par un tigre et par un crocodile, et qui leur échappe à la faveur de leurs cruelles antipathies; le tigre est mort, le crocodile est repu, le Jésuite s'en va : quelquefois même il emporte la peau du tigre et s'en fait une bonne fourrure.

Je le crois dans toute la sincérité de mon

cœur. Les Robespierre avoient été, de leur
mauvaise nature, les premiers instrumens
de la terreur; mais, doués d'un esprit d'observation et de finesse, qui s'explique par
leurs études, par leurs mœurs, par leur
physionomie, ils avoient prévu à la longue
la solution nécessaire des choses; et ils
avoient eu l'envie assez naturelle de s'en
emparer, parce qu'ils étoient, comme je l'ai
dit, les seuls représentans de la popularité
révolutionnaire. Leurs adversaires déjouè-
rent cette manœuvre, à laquelle se ratta-
chent essentiellement le voyage de Robespierre le jeune, la désertion de Robespierre
l'aîné du Comité de salut public, et sa théo-
cratie sacrilége, et la philanthropie tardive
de ses discours patelins. Le parti de Robespierre périt sous l'action de la terreur, re-
présentée par quelques membres du Comité
de salut public; et cependant la terreur ne
triompha point, parce qu'elle avoit mal cal-

culé. Dans tous les états possibles, depuis le despotisme le plus absolu, où cela ne fait pas de doute, jusqu'à la démocratie la plus diffuse, l'opinion, c'est un homme; et quand cet homme n'est pas là, tout n'est rien; et quand cet homme n'est plus là, tout s'en va. Barrère, disert et poli, monta inutilement à la tribune, veuve de Robespierre, qui n'étoit ni l'un ni l'autre. La pierre de la voûte étoit tombée; l'arc de Nembrod étoit rompu, et la terreur se trouva toute surprise d'avoir enfanté la contre-révolution.

APPENDICE

AU CHAPITRE PRÉCÉDENT.

J'ai très-peu lu l'histoire contemporaine, parce que je sais comment elle se fait. Il peut donc arriver que je me trouve quelquefois en contradiction avec le *Moniteur*, avec le *Bulletin*, ou avec quelque autre autorité de la même force; et j'avoue sincèrement que je ne m'en soucie guère : ce que j'ai à cœur, moi qui écris pour moi, moi qui n'écris que pour moi et pour ceux-là seulement qui consentent à sentir comme moi, parce qu'ils m'estiment, parce qu'ils m'aiment, parce qu'ils me croient, ce qui m'importe par-dessus toutes choses, c'est de n'être pas en contradiction avec ma conscience. J'en suis très-sûr quand j'écris des

faits que j'ai vus ou qui se sont passé assez
près de moi pour que j'en sentisse l'impression ; moins sûr quand je hasarde des doctrines ou des théories, parce que j'ai souvent éprouvé que mon jugement pouvoit
être dupe de mon imagination et de mon
cœur. C'est pour cela que j'ai jeté d'avance,
dans une feuille très-répandue, mes idées
les plus suspectes de nouveauté et d'audace,
pour appeler sur elles toute la sévérité des
jugements dont je fais quelque estime, et les
rectifier au besoin dans la publication ar-
rêtée de ce livre. Cependant les impressions
naïves d'un homme de bonne foi sont si
fertiles en bonnes inductions que tout ce
qui a été dit pour combattre mes sentiments n'a servi qu'à les fortifier ; et voici
que, par un hasard tout-à-fait inattendu,
Robespierre jeune lui-même s'est chargé,
à mon insu, de raconter cette séance de la
société populaire de Besançon, qui vient de

faire l'objet d'un de mes récits; de la raconter dans le feu et sous l'action d'une émotion récente, sinon avec tous les détails spéciaux dans lesquels je suis entré, et que sa position ne lui permettoit pas d'apercevoir comme moi, du moins avec un développement de principes qui tire ma conjecture du rang des paradoxes pour la faire passer d'une autorité plus irréfragable que la mienne à celui des certitudes historiques. Je crois devoir rapporter ici ce fragment précieux de notre histoire révolutionnaire, tiré d'un gros *Recueil de pièces trouvées chez Robespierre l'aîné*, qui a été publié cinq mois après sa mort par les thermidoriens. J'y ajouterai seulement quelques notes explicatives qui animeront peut-être cette nouvelle version de mon historiette d'un intérêt, non pas plus vif, mais plus vivant. Puisqu'on m'a décerné dans certains salons le titre bénévole d'*apologiste de Robes-*

pierre, ce qui, dans ce temps d'aménités sociales et littéraires, est une politesse comme une autre, je puis bien être son commentateur.

LETTRE

DE ROBESPIERRE LE JEUNE A SON FRÈRE.

Commune affranchie, 3 ventôse
an 11 de la République.

« J'apprends que Bernard m'a dénoncé.
» Cet être, petit (1) et immoral, ne peut
» m'atteindre ; je ne répondrai à sa stupide

(1) *Petit* est évidemment pris ici au sens figuré. On voit que, par un tour d'esprit assez naturel, surtout dans un homme qui ne se distinguoit pas du tout par l'abondance des idées, Robespierre jeune revient sur l'ironie dont j'ai parlé, et qui a servi de texte à ses interminables dérisions. J'ai déjà dit que Bernard de Saintes étoit très-grand.

» dénonciation, qui est un crime envers
» lui-même, que par le rapport de mes opé-
» rations. Je ne puis comprendre comment
» un représentant du peuple ose s'accuser
» d'avoir eu la condescendance de s'être
» laissé circonvenir, séduire même par un
» de ses collègues.

» Il a eu la sottise atroce de me traiter de
» *contre-révolutionnaire*; il m'a supposé l'in-
» tention d'obtenir du Comité de salut pu-
» blic un décret qui opprimât les patriotes;
» il a débité à la société populaire de Besan-
» çon des horreurs multipliées sur mon ca-
» ractère, ma conduite, etc. Le frère d'Hum-
» bert (1) est perdu dans l'opinion publique

(1) Humbert étoit un vieux procureur de Besançon, dont l'aristocratie gothique étoit ridicule aux
yeux mêmes des aristocrates, et qui étoit tout naturellement porté sur la liste des suspects. Sentant qu'il
ne pouvoit se mettre à l'abri des persécutions qu'en

» à Besançon ; il s'est servi de ce moyen pour
» prévenir tous les esprits contre moi, contre
» ce que j'avois fait. Il a peint la commune
» de Vesoul *en contre-révolution*, sous ma
» présidence, etc. J'ai facilement répondu à
» toutes ces calomnies ; je n'ai trouvé d'ad-
» versaires à Besançon qu'un frère de Vau-
» blanc (1) et un rédacteur corrompu d'un

se dépaysant, il se réfugia à Vesoul, chef-lieu d'un
département voisin. Son frère avoit été le compagnon de bazoche de Robespierre l'aîné, dont il paroissoit avoir embrassé les sentimens. C'est ce qui fait
concevoir comment Robespierre jeune, qui refusoit
partout d'être logé et entretenu aux dépens des villes
où l'appeloit sa mission, s'étoit avisé d'élire domicile
chez un contre-révolutionnaire profès, dont l'existence, au milieu des frénésies de ce temps, étoit
une espèce de phénomène. On juge bien que Bernard
avoit tiré parti de cette circonstance dans sa dénonciation brutale contre Robespierre.

(1) L'adjudant-général Viennot, qui présidoit

» journal qui se fabrique dans le départe-
» ment du Doubs (1). *Rien n'est plus facile*
» *que de conserver une réputation révolu-*
» *tionnaire aux dépens de l'innocence.* Les
» hommes médiocres trouvent, dans ce
» moyen, le voile qui couvre toutes leurs
» noirceurs; *mais l'homme probe sauve l'in-*
» *nocence aux dépens de sa réputation.* Je
» n'ai amassé de réputation que pour faire
» le bien, et *je veux la dépenser en défen-*
» *dant l'innocence.* Ne crains point que je
» me laisse affoiblir par des considérations

la société, homme d'âme et de mœurs antiques, et
dont j'ai parlé sans le nommer.

(1) Ce journal s'appeloit *la Vedette;* le rédacteur
étoit Pierre-Joseph Briot, depuis honorablement
connu dans nos assemblées législatives, et un des
premiers députés qui furent frappés par la proscription de brumaire. C'étoit un homme sensible, spirituel, souvent éloquent, dont les qualités naturelles
avoient été servies d'ailleurs par d'excellentes études,

» particulières, ni par des sentiments étran-
» gers au bien public. Le salut de mon pays,
» voilà mon guide; la morale publique, voilà
» mon moyen. C'est cette morale que j'ai
» nourrie, échauffée et fait naître dans
» toutes les âmes. On crie sincèrement *vive*
» *la Montagne* dans les pays que j'ai parcou-
» rus. Sois sûr que j'ai fait adorer la Mon-
» tagne, et qu'il est des contrées qui ne font
» encore que [la craindre, qui ne la con-
» noissent pas, et auxquelles il ne manque
» qu'un représentant digne de sa mission,

et dont la moindre recommandation est d'avoir figuré avec quelque velléité d'énergie, le 18 brumaire,
dans cette *Journée des Dupes* de la révolution, où il
auroit été beau de mourir. A ce prix, il auroit peut-
être un buste à côté de la statue de Cassius. — Dans
la séance dont Robespierre jeune parle avec tant d'a-
mertume, Viennot et Briot ne firent entendre que le
langage d'une médiation modérée, mais la modération étoit une insulte pour de telles passions.

» qui élève le peuple au lieu de le démora-
» liser. *Il existe un système d'amener le*
» *peuple à niveler tout; si on n'y prend*
» *garde, tout se désorganisera* (1).

» ROBESPIERRE *jeune.* »

« *P. S.* Je vais envoyer mon rapport au
» Comité de salut public. Je crois que la
» Convention ne souffrira pas que j'entre
» en lutte avec Bernard. »

Ce n'est donc plus moi qui parle cette
fois ; c'est Robespierre, le terrible Robespierre jeune, l'expression jumelle d'une âme
de tigre ; c'est lui qui, au juste milieu de
cette sanglante époque de la terreur qui sé-

____

(1). Ce passage , dont les conséquences naturelles sont si conformes à mon hypothèse, est souligné dans le texte.

pare le 31 mai du 9 thermidor, et dans une communication dont la nature et la forme annoncent tout l'abandon qui résulte d'une parfaite simultanéité de sentiments; c'est lui qui, dans cette intimité confidentielle du frère avec le frère, dont ses assassins devoient seuls violer un jour le secret, reconnoît franchement qu'on l'a traité de *contre-révolutionnaire*, qu'on l'a accusé de mettre les villes en *contre-révolution*, et de méditer des moyens d'oppression contre les patriotes, c'est-à-dire contre les agents de l'épouvantable système qui désoloit alors le pays; c'est lui qui repousse avec horreur une popularité acquise *aux dépens de l'innocence*, qui manifeste l'intention trop tardive et trop impuissante *de la défendre*; c'est lui qui se flatte d'avoir fait *adorer la montagne;* LA MONTAGNE! et cela étoit vrai! car la reconnoissance la plus vive que puisse éprouver le cœur de l'homme, il la ressent pour un pouvoir cruel qui se désarme, qui se dépouille en faveur du malheur, de l'instinct et du besoin de faire le mal ; c'est lui qui s'aperçoit enfin qu'*il existe un système d'amener le peuple à tout niveler, dont une désorganisation complète sera la suite*, et qui épanche cette découverte, à laquelle l'époque où elle est faite donne le caractère le plus bizarre de naïveté, dans le sein du seul homme dont la main soit assez forte encore pour tout réparer et pour tout sauver ; et, remarquez-le bien, c'est à dater de ce moment, de cette lettre peut-être, que Robespierre l'aîné disparoît tout à coup des comités de la Convention, et cherche à étendre au dehors l'influence qu'il avoit perdue dans l'enceinte de son *pandœmonium*, en brisant violemment son pacte avec le crime ! Et c'est trois mois après que cet homme, qu'on charge aujourd'hui de toutes les iniquités, comme la victime piaculaire des anciens, ose proférer le nom de Dieu, et rappeler à l'âme son immortalité parmi les saturnales sauvages d'une société ivre et délirante, qui a érigé l'athéïsme en culte; et c'est deux mois plus tard qu'il monte à l'échafaud, comptable, sans le savoir, de tous les attentats d'une génération de cannibales! Que m'importe après cela qu'on vienne infirmer encore que le 9 thermidor ait été fait, comme je l'ai sincèrement écrit, dans l'intérêt de la terreur! L'histoire a dit le contraire, sans doute, et je sais bien qu'elle le dira. Pauvre autorité que l'histoire!

Sociétés Populaires.

Stupide est la foule qui s'ingère de parti-
ciper aux grands mouvements des affaires
politiques ; stupide, aveugle et insensée,
car elle n'entrera jamais pour rien dans
leurs résultats. Toute révolution qui échoue
tourne au profit des pouvoirs qu'elle avoit
menacés ; toute révolution qui réussit, au
profit des avocats. Dans le premier cas, vous
n'avez fait que river votre chaîne ; dans le
second, ce que vous croyez avoir conquis
sur les aristocrates vous est repris par les
sophistes. Vous avez transporté au péril de
votre vie les dépouilles de la féodalité dans

le vestiaire du sénat, et vous restez, quant
à vous, ce que vous étiez devant; une mine
bonne à exploiter, un troupeau bon à ton-
dre, un peuple.

Le seul avantage que les révolutions aient
pour les classes inférieures, et je conviens
qu'il vaudroit la peine d'être acheté, si on ne
le payoit pas si cher, c'est de relever le caractère moral de l'homme en lui donnant
pour objet une destination puissante et solennelle qui ne s'accomplira point, mais
dont la pensée même a de l'énergie et de la
grandeur. C'est une illusion de perspective,
mais le prestige qui en résulte est déjà
une conquête. Il est possible enfin, lorsque
l'âme s'est élevée à cette hauteur, qu'elle ré-
fléchisse encore long-temps après, jusque
dans l'état d'abaissement où toute l'espèce
ne tarde pas à retomber, quelque foible
rayon de la dignité éphémère que les cir-

constances lui avoient donnée, comme l'his-
trion de province qui a ceint un moment la
couronne d'Agamemnon , comme le manœuvre à la barbe touffue qui vient de po-
ser pour Jupiter.

Les Sociétés populaires présentoient sous
ce rapport le spectacle le plus surprenant
qui eût jamais frappé le regard des hommes.
Là se débattoient avec une robuste rivalité
des pouvoirs égaux entre eux , vainqueurs
de tous les pouvoirs, et qui ne reconnoissoient d'ascendant relatif que celui du nombre et de la violence. De quelque lieu qu'il
fût parti, l'audace du tribun étoit son titre ,
et sa force étoit son droit. Il appartenoit au
premier venu de jeter le glaive de la parole
dans la balance, et de la faire pencher. C'est
inutilement qu'on auroit cherché un contre-
poids à cette puissance dans les principes
les plus avérés des créances et de la raison

humaine. Dieu lui-même n'étoit plus un fait moral. C'étoit une question soumise comme une autre à la polémique tribunitienne, et qui attendoit l'autorité d'un décret.

Les sociétés populaires, c'étoit la caverne d'Eole. Il n'en sortoit que du vent, mais le moindre suffisoit pour soulever des tempêtes qui bouleversoient le monde, et Napoléon eût été mal venu alors à faire entendre le *quos ego* de Neptune. Quand il arriva, sa besogne étoit faite. Le temps y avoit passé.

Ce qu'il y a de remarquable, c'est que nous étions tout prêts pour cet ordre de choses exceptionnel, nous autres écoliers qu'une éducation anomale et anormale préparoit assiduement depuis l'enfance à toutes les aberrations d'une politique sans bases. Il n'y avoit pas grand effort à passer de nos études de collège aux débats du *Forum* et à la guerre des esclaves. Notre admiration étoit gagnée d'avance aux institutions de Lycurgue et aux tyrannicides des panathénées; on ne nous avoit jamais parlé que de cela. Les plus anciens d'entre nous rapportoient qu'à la veille des nouveaux événemens, le prix de composition de rhétorique s'étoit débattu entre deux plaidoyers, à la manière de Sénèque l'orateur, en faveur de Brutus l'ancien et de Brutus le jeune. Je ne sais qui l'emporta, aux yeux des juges, de celui qui avoit tué son père, ou de celui qui avoit tué ses enfans, mais le lauréat fut encouragé par l'intendant, félicité par le gouverneur, caressé par le premier président, et couronné par l'archevêque. Le lendemain on parla d'une révolution, et on s'en étonna, comme si on n'avoit pas dû savoir qu'elle étoit faite dans l'éducation du peuple. Si la mode de ces suasoires pédan-

tesques venoit à se renouveler, et qu'il fût
question de décider qui a le plus contribué
de Voltaire ou de Rousseau à l'anéantisse-
ment de nos vieilles doctrines monarchi-
ques, j'avoue que je serois passablement
embarrassé sur le choix; mais je ne dis-
simulerois pas que Tite-Live et Tacite y ont
une bonne part. C'est un témoignage que
la philosophie du xviiie siècle ne peut s'empêcher de rendre aux jésuites, à la Sor-
bonne et à l'Université.

On ne voit maintenant les sociétés populaires de ce temps-là que sous deux points
de vue, l'atroce et le ridicule; et c'étoit, à la
vérité, leur aspect le plus sensible; mais on
n'imagine pas tout ce qu'elles ont développé d'esprits subtils, de facultés imposantes et même de sentiments généreux. Je
parlois tout à l'heure de ce ferblantier de
Besançon qui osa donner à Robespierre

jeune, dans une séance mémorable, une si rude leçon d'égalité. Ce brave homme s'appeloit Chevalier, et je le nomme avec d'autant moins de scrupule que jamais son influence austère, mais généralement bienveillante, ne s'est trouvée compromise dans un acte violent. Je me rappelle une autre époque où il ne manifesta pas avec moins de fierté quelque chose de ce patriotisme inflexible qui auroit fait honneur à un vieux Romain, et cette impression ne sera peut-être pas sans intérêt pour mes lecteurs, car elle se rattache à un nom que les biographes ont oublié, comme tant d'autres, quoique le singulier personnage qui le portoit, et dont la nature avoit fait le type achevé d'un démagogue, ne soit pas passé tout-à-fait inaperçu au milieu de nos orages révolutionnaires. Je parle de Charles Hesse.

Le gouvernement de notre division mi-

litaire étoit alors confié à ce prince étranger, et ce n'est pas la moindre bizarrerie de
ces jours bizarres. Celui-là pouvoit se flatter, au reste, et il n'y manquoit pas, d'avoir
racheté ce qu'il appeloit la tache de son
auguste naissance par une exagération de
principes à laquelle Clootz ou Chaumette
auroient volontiers porté envie. Plus il étoit
né haut et plus il sentoit de sang royal cou-
ler dans ses veines, plus il se croyoit
obligé à pousser aux derniers excès le cynisme et la frénésie de l'opinion.

La nature l'avoit, au reste, admirablement
préparé à jouer un pareil rôle avec succès.
C'étoit un homme de trente à quarante ans,
d'une taille fort élevée, fort mince, assez
bien prise, mais dépourvue de dignité et de
grâce. Sa face blême, couronnée de cheveux
d'un blond ardent, n'avoit de remarquable
que l'énorme saillie des apophyses. Ses yeux

d'un bleu terne n'exprimoient ni noblesse, ni finesse. Il prononçoit le françois avec quelque facilité, mais de manière à faire comprendre qu'il n'auroit été ni éloquent, ni disert, ni spirituel en aucune langue. Son principal moyen oratoire consistoit dans une gesticulation anguleuse et saccadée, qui avoit quelque chose de convulsif, et qui annonçoit un état presque non-interrompu d'éréthisme musculaire. Les transitions de ses discours, et même ces courtes suspensions de débit qui ne servent qu'à reprendre haleine, étoient accompagnées chez lui d'un claquement de dents si sonore et si strident qu'on l'auroit pris au premier abord pour un bruit de castagnettes; et ce grincement sauvage, qui se faisoit entendre à une grande distance, se prolongeoit et se moduloit horriblement, selon qu'il croyoit avoir besoin de donner du relief à sa pensée et de l'autorité à sa parole.

Pour concevoir une idée assez juste de cet
artifice d'éloquence et de diction, il suffit
de prêter, par l'imagination, l'organisme de
la voix humaine à la panthère ou au loup-
cervier, et si Charles Hesse avoit été aussi
brutalement inhumain dans ses actions que
dans ses paroles, ce que je n'ai aucune
raison de croire, je doute qu'il y eût beaucoup à changer au moral de l'orateur pour
rendre la ressemblance complète.

Dans ce temps-là le parti de la révolution
s'étoit divisé en deux partis très-prononcés,
bien plus animés l'un contre l'autre que
chacun des deux ne l'étoit contre l'ancien
régime; les montagnards qui vouloient porter le principe révolutionnaire à sa dernière expression, et les girondins que des
inclinations plus douces, des études plus
cultivées, une connoissance plus approfondie de l'histoire des peuples et des con-

ditions essentielles de la civilisation, quelque ambition aussi peut-être, avoient ramené aux idées de justice et aux théories légales sur lesquelles il faut bien que la société s'appuie, quand elle veut s'appuyer sur quelque chose. Comme ces deux opinions étoient en présence, et que la guerre civile auroit été inévitable, si les énergies avoient été égales comme les armes, la montagne, qui préparoit ses coups d'état, sentit la nécessité de désarmer le parti opposé pour le vaincre sans péril. Les généraux que la faction dominante avoit presque tous choisis, se chargèrent de cette opération dans les départements, et elle n'étoit pas difficile à colorer aux yeux d'une multitude que les mesures couvertes du prétexte de la liberté trouvoient toujours docile aux attentats les plus effrénés du despotisme. L'audace des contre-révolutionnaires ne s'accroissoit-elle pas à vue d'œil? Les machinations des royalistes ne menaçoient-elles pas l'œuvre naissant de la régénération universelle Et que dirai-je de Pitt et de Cobourg, ces deux formidables manequins de la terreur, avec lesquels on réduisoit si commodément la France à la plus lâche servitude, par la crainte de l'étranger? Quel patriote pouvoit hésiter à se dessaisir un moment de son fusil et de ses munitions, quand le salut de la patrie dépendoit de ce sacrifice? Quel républicain ne concourroit pas avec joie par un acte de soumission indispensable au dés-armement des aristocrates? On se doute bien que ces paroles étoient portées par Charles Hesse, qui n'épargna rien pour les faire valoir, ni de sa pantomime épileptique, ni du broiement éclatant de ses dents de fer. Le retentissement en duroit encore, quand on vit Chevalier s'appuyer sur la tribune, avec sa mâle et superbe figure, dont un regard doux et un peu moqueur tempéroit seul la sévérité déjà sénile; passer ses doigts robustes dans ses cheveux grisonnants, et se retourner du côté du général, avec cette autorité du bon sens, de la bonne foi et de la vertu, qui commandoit toujours le silence. Je sais bien que, dans ce moment, je fus frappé d'une idée que je communiquai sur-le-champ à mes camarades de collége, spectateurs non moins attentifs que moi de ces drames populaires qui se renouveloient tous les jours : le ferblantier avoit au moins l'air d'un prince, et le prince avoit tout au plus l'air d'un ferblantier. Quant à sa petite allocution, je ne puis l'avoir oubliée; je la répétai le soir à mon père, et je l'écrivis le même jour.

« Citoyen général, dit-il d'un ton de basse-contre fort grave, mais bien accentué, en s'adressant à Charles Hesse, qui tenoit encore la barre des gradins opposés, « tout

» ce que j'ai compris à ta harangue, c'est
» qu'il y a chez nous des émissaires de Pitt
» et de Cobourg, et que tu te proposes de
» les désarmer. Le peuple que voici, tu
» peux m'en croire, ne connoît ni Pitt ni
» Cobourg, et n'a rien à démêler avec eux.
» Ce qu'il sait positivement, c'est que tu es
» étranger, c'est que tu es prince, et que si
» Pitt et Cobourg avoient ici un émissaire,
» ce seroit toi! »

Au même instant, le général s'élança, et
lia ses bras à la tribune, comme s'il avoit
voulu la renverser.

« Attends, attends, reprit Chevalier, en
l'arrêtant sur le dernier degré avec une
main forte, comme un grapin de char-
pentier, « je n'ai pas tout dit, et tu répon-
» dras si tu peux. Nous avons bien le droit
» de nous défier de toi, puisque tu te dé-
» fies de nous. Ne serois-tu pas Pitt ou Co-

» bourg lui-même par hasard? et né fusses-tu
» qu'un pauvre petit prince, il faut que tu
» aies bien mal gouverné tes sujets, et que
» tu t'en sois bien fait haïr pour être obligé
» de venir prendre une patente de jacobin à
» Paris! Elles y sont à bon compte, puisqu'on
» en donne aux princes, avec le généralat
» par-dessus le marché! Nous sommes plus
» difficiles, nous autres. Tu n'auras pas nos
» fusils, et tu pourras dire à tes compatrio-
» tes, s'ils t'écoutent avant de te pendre,
» que tu n'as pas trouvé un seul Franc-Com-
» tois qui rendît son arme à un Allemand.»

Là-dessus, Chevalier reprit froidement
son grand chapeau à trois cornes qu'il
avoit posé à ses pieds, le brossa de l'avant-
bras et du coude, le replaça très-horizonta-
lement sur sa tête vénérable, et descendit
de la tribune au bruit des acclamations.

La tranquillité du pays, la sécurité des

honnêtes gens, tenoient à cette livraison des armes. Elles ne furent pas livrées, au moins ce jour-là, et le citoyen Charles Hesse, fort désappointé, se retira du club en grinçant des dents.

Je ne laisserai pas passer cette occasion d'ébaucher les traits d'un autre personnage dont la sanglante célébrité a laissé plus de traces dans la mémoire des hommes.

J'ai déjà dit que le pouvoir se débattoit alors entre deux partis, dont l'un qui l'emportoit certainement par le nombre et par l'habileté, dont l'autre qui avoit tout ce qu'il faut pour triompher dans les mauvais temps, l'audace et la violence. Les opinions de la Gironde avoient prévalu à Lons-le-Saulnier, et celles de la montagne à Besançon, où les passions énergiques étoient plus inégalement distribuées entre les deux factions. La petite capitale du Jura offroit à cette époque un spectacle qui n'est pas indigne des regards de l'histoire. Une ville composée de sept à huit mille habitants, défendue pour toute forteresse et pour toute muraille par le courage et le patriotisme de ses citoyens, sans point d'appui sur les départements environnants, presque sans contact avec eux, se leva seule et de son propre mouvement, contre la terreur. Une légion spontanée de jeunes et hardis soldats, qu'on appeloit *les plumets rouges*, à cause de la couleur de leurs panaches, la couvrit de son drapeau, et cette enceinte qui paroissoit ouverte aux plus foibles efforts, ne fut, pendant plusieurs mois, violée par personne. Je me rappelle que dans nos impressions de l'enfance, nous ne placions, en idée, le plumet rouge d'un fédéraliste du Jura qu'au front de quelque géant formidable, à la manière de Polyphème et de Goliath, et c'étoit en effet

une forte et imposante génération d'hommes. On croiroit qu'elle avoit été produite
à dessein pour des circonstances fortes et
imposantes comme elle, et qu'il étoit de sa
destinée de passer en même temps. Ce qu'il y
a de très-remarquable, c'est que l'administration se montra digne du peuple. L'enthousiasme d'une généreuse résistance fut aussi
exalté sous l'écharpe que sous le baudrier,
quoiqu'il y courût encore plus de périls, et
que la couronne infaillible de ce courage
civil dont les exemples sont si rares fût
attachée au fer de la guillotine. Les décrets
rendus par la Convention depuis le 31
mai furent brûlés en place publique, et
deux de ses commissaires, Bassal et Garnier
de l'Aube, conduits sous bonne et sûre
garde aux frontières du département,
avec défense d'y rentrer. Ils rapportèrent
que leur escorte ne les avoit pas défendus

sans peine contre l'exaspération des citoyens.

Cependant les deux opinions étoient encore librement représentées à Lons-le-Saulnier par les tribuns du pays, et le hasard
faisoit que ces deux chefs étoient frères,
comme cela s'étoit vu autrefois à Thèbes et
à Corinthe; mais la nature n'avoit jamais
marqué deux frères de sceaux plus dif-
férents, en caractère et en physionomie.
Jean-François Dumas, le Vergniaud du
Jura, pouvoit passer pour beau, même
dans une famille qui se distinguoit par la
beauté corporelle, et dans un département
où la laideur est presque une exception.
René-François Dumas, plus connu de ses
compatriotes sous le nom de l'abbé Dumas,
et qui suivoit avec une cruelle naïveté d'organisation les errements de Marat, avoit
dans tous ses traits quelque chose de la re-

poussante expression de son prototype ; il n'étoit cependant ni vieux ni difforme, ni cynique dans son langage et dans ses manières. Il n'étoit que hideux.

Les jacobins de Lons-le-Saulnier avoient, en grande partie, suivi le sort des Conventionnels. Ils s'exiloient d'une cité en contre-révolution, c'est-à-dire, dans leur acception convenue de ce mot, fidèle aux principes de l'ordre, de la modération et de la justice, pour aller goûter dans une atmosphère plus orageuse les douceurs de la liberté, de la fraternité et de la mort. C'est ainsi que René-François Dumas se présenta un jour à la barre de la société populaire de Besançon, où ses principes sembloient lui assurer un vif accueil de sympathie. Le nom du chef éloquent qui venoit de soutenir une poignée de citoyens résolus, contre le système effrayant du gouvernement, qu'on appeloit alors, si improprement, la république, y étoit seul parvenu; la méprise étoit inévitable, quoique grossière. La rumeur qu'elle excita fut longue et menaçante, et peu s'en fallut que Timoléon ne payât pour Timophanes. Enfin, l'erreur s'éclaircit, et René-François Dumas gagna la tribune avec l'anxiété hargneuse d'une bête sauvage qui a essuyé une première décharge sans être blessée, et qui rompt les rangs des chasseurs en rugissant. J'étois là, et je ne sais quelle prévision inexplicable me forçoit à détailler tout l'ensemble de cette étrange figure qui n'avoit encore rien d'historique; mais on m'étonneroit beaucoup aujourd'hui, si on me démontroit que je me suis trompé de la plus légère circonstance dans l'image vivante que ma mémoire en a conservé, depuis ses souliers de cabron fauve à son chapeau de feutre gris.

Il avoit un pantalon de bazin blanc, un gilet de la même d'étoffe, qui étoit alors à la mode, et une cravate également blanche, nouée en cordon aux bouts flottants, qui soutenoit à peine le collet blanc de sa chemise. Tout cet ajustement étoit d'une propreté recherchée, délicate, minutieuse, qui distinguoit, en général, les jacobins de haut étage, et qui, parmi eux, comme ce faste et cette profusion d'ornements qu'étale le chef d'une tribu d'anthropophages, établissoit encore une sorte d'aristocratie. Son frac long, flottant, d'une étoffe de drap fine et légère, étoit d'une couleur de sang dont la vivacité blessoit l'œil; et ce n'est pas ici une combinaison d'écrivain, préparée pour l'effet : j'en atteste cent témoins vivants qui n'ont pas oublié que cet habit de sang étoit son habit de *gala*. Quelque chose de plus blanc que le linge coquet de Dumas, c'étoit sa tête alongée, osseuse, empreinte, comme celle d'un anachorète, de la pâleur des macérations et des veilles, et dont les saillies fortement prononcées supportoient je ne sais quelles chairs livides qui lui donnoient l'aspect d'une goule affamée. Sa bouche étoit large, ses yeux petits et enfoncés, mais perçants et peut-être noirs; ses cils, ses sourcils, ses cheveux rouges. Il n'y avoit rien en lui qui révélât positivement l'homme que la société a formé; mais il n'y avoit rien en lui d'ordinaire, et c'est peut-être ce qui fixa ma curiosité sur cette créature d'exception, dont les nomenclatures des naturalistes qui occupoient exclusivement mes premières études ne m'avoient jamais présenté l'analogue inconnu. Tout à coup ses lèvres pincées se désunirent comme par l'effet du ressort musculaire qui contracte quelquefois la bouche écumante du boa; et, d'un ton éclatant, mais aigre et métallique, il s'exprima ainsi : (Je réponds encore de l'exactitude du texte, comme si je l'avois sténographié.)

« Républicains, l'accueil que vous m'avez
» fait m'a profondément touché ; l'indigna-
» tion qui a parcouru vos rangs patriotiques
» au nom de Dumas, est un hommage à
» la patrie. Si le sang qui m'est commun
» avec ce traître pouvoit expier ses atten-
» tats, j'ouvrirois à l'instant mes veines de-
» vant vous. La proscription dont je suis
» frappé dans le Jura, l'a sauvé de mon
» poignard, mais je vais le livrer à la justice
» nationale, et le plus beau jour de ma vie
» sera celui où je vous apporterai la tête de
» mon frère!... »

En prononçant ces exécrables paroles, il étendit au-dessus de la tribune son bras rouge et sa main blanche, de manière à figu- rer à la pensée dans une éternité de souvenirs, l'idéal même du bourreau. Je m'aperçus qu'il avoit des manchettes.

Quelque temps après, René-François Dumas étoit président du tribunal révolutionnaire. La scène qui s'étoit passée à Besançon se renouvela en sens opposé à Lons-le-Saulnier. La fortune révolutionnaire du jacobin avoit nui à l'influence du patriote. Une rumeur inaccoutumée accueillit Dumas l'aîné dans le club insurgent des fédéralistes. — « Que me reproche-t-on, s'écria-t-il? — » Rien, répliqua un des membres de l'as- » semblée; mais nous ne pouvons nous » empêcher de voir en toi le frère de ton » frère. — Mon frère, grand Dieu! reprit » Dumas; de quel frère me parlez-vous? » Et se précipitant sur le sein d'Ébrard, qui portoit avec lui le poids de cette administration héroïque, et qui jouissoit dans le Jura de la plus glorieuse popularité que puisse ambitionner un citoyen, celle de la vertu : — « Mon frère, dites-vous? mon » frère, le voilà! » Ce mot apaisa tous les soupçons, et l'élan de ces deux hommes de bien qui s'embrassoient entraîna la multitude. Je puis me tromper, mais ce tableau n'a rien à envier, selon moi, à la grandeur des temps antiques.

Puisque j'ai parlé du président du tribunal révolutionnaire, je me crois obligé à compléter son portrait, autant que me le permettent les renseignements que j'ai pu recueillir de la bouche de ses compatriotes et de ses contemporains ; je ne dirai pas de ses amis : on ne lui en a point connu. C'étoit un homme actif, studieux, sobre jusqu'à l'austérité, régulier dans ses mœurs, exact dans ses engagements. Pendant que la guillotine battoit monnoie sur la place de la Révolution, suivant l'épouvantable expression de l'orateur le plus fleuri de la montagne, le terrible fournisseur du trésor de la république vivoit pauvrement dans un galetas de l'hôtel de La Rochefoucault, à la manière de ces âpres républicains de la vieille Rome, dont il attestoit si souvent les exemples. Il se trouvoit alors parmi les énergiques enfants du Jura un médecin nommé Baron, fait pour aimer la vérité, et capable de la dire au péril de sa vie. Un jour que le hasard l'avoit conduit dans la tannière de Dumas, à la suite d'une des séances les plus tragiques du tribunal : » Vos jugements me font » horreur, lui dit-il, et tes jurés sont des » monstres. Comment ose-t-on disposer de » la vie de tant d'accusés après quelques » minutes d'instruction ?—Cela est extraor- » dinaire en effet, répondit Dumas en tour- » nant sur lui un regard assuré ; mais les » révolutionnaires ont un sens que n'ont

» pas les autres hommes, et qui ne les
» trompe jamais. »

Hélas! oui, les malheureux avoient un
sens que n'ont pas les autres hommes! l'instinct du tigre qui s'est abreuvé une fois de
sang humain, et dont la soif inextinguible
ne peut plus s'étancher que dans des tonnes
de sang.

Convention Nationale,

ÉLOQUENCE DE LA TRIBUNE.

Buffon à dit : *Le style est l'homme tout entier;* proposition vraie en essence, mais contestable en forme, parce que son énonciation elliptique et abstraite a l'apparence d'un paradoxe.

M. de Bonald a consacré la même idée dans un autre aphorisme, qu'on a souvent répété et qu'on répètera toujours, tant qu'il y aura une société et une littérature, parce

que jamais une vérité essentielle n'a été re-
vêtue d'une formule plus diaphane : *La
littérature est l'expression de la société.*

Comme ce principe s'applique à toutes
les époques, on pourroit y rattacher toutes
les histoires. Il n'est question ici que de la
révolution.

Si la révolution est un état exceptionnel
dans les formes de la société, la littérature
qui s'est développée avec elle sera un état
exceptionnel dans les formes de l'esprit humain. Emportée par le torrent qui l'apporta,
elle ne laissera point de vestiges. C'est l'opinion générale, et le nom seul de la littérature révolutionnaire paroît impliquer un
horrible contre - sens aux yeux des entre-
preneurs brevetés de la critique; mais, de
cette prétendue exception, il est sorti une
forme nouvelle de société, et par consé-

quent, si je ne me trompe, une forme nouvelle de littérature.

Le christianisme lui - même fut long-
temps un état exceptionnel dans la société
païenne; l'éloquence des Augustin, des Ba-
zile et des Athanase, fut long-temps un langage exceptionnel, méconnu des sophistes
hellènes et des rhéteurs latins, dont l'art
consistoit à envelopper une pensée ambi-
guë dans les replis d'un gryphe oratoire ;
mais le nom de ces classiques dégénérés ,
qui attestoient sans doute aussi les exemples de Cicéron et les règles de Quintilien ,
n'est point parvenu jusqu'à nous, et la voix
de Jean, de Luc et de Paul a retenti à travers seize siècles dans la chaire de Bossuet.

La révolution est donc le commencement
d'une double ère littéraire et sociale qu'il
faut absolument reconnoître en dépit de
toutes les préventions de parti. On s'ima-

gine ordinairement qu'elle ne peut rappeler que du sang, et qu'on a tout dit quand
on a épuisé la liste de ses excès et de ses
proscriptions. C'est l'erreur de l'irréflexion
ou l'exagération de l'antipathie. Le pathé-
tique, le grand, le sublime, s'y rencontrent
souvent à côté de l'horrible, comme on a
vu les dieux assis à ce festin de Tantale, où
l'on servit de la chair humaine.

Toutes les époques signalées de l'histoire
sont remarquables par ce fait singulier, que
des hommes investis d'une espèce de destination providentielle leur ont servi de pré-
curseur. Ainsi des génies audacieux avoient
élaboré, pour ainsi dire, à leur insu, vers
la fin du xviiie siècle, les matériaux d'une
révolution prête à éclore dans la politique; ainsi d'admirables écrivains composoient, peut-être sans le savoir, une langue
énergique et naïve pour une révolution près

d'éclore dans la littérature. Diderot est, suivant moi, l'Isocrate qui a présidé aux exercices de notre tribune; Beaumarchais est le maître de la nouvelle école de ces publicistes quotidiens qui arment de traits acérés, tantôt la saine logique des intérêts nationaux, tantôt les subtiles arguties des factions, auxiliaires légers et à peine connus du gros des combattans, mais dont l'intervention habile et opiniâtre ne contribue pas foiblement aux succès les plus décisifs.

Diderot et Beaumarchais étoient cependant des écrivains tout-à-fait isolés qui ne sortoient d'aucune école littéraire, qui ne ressembloient qu'à eux seuls, mais dont l'originalité avoit, dans le premier, quelque chose de solennel comme la rumeur d'un orage près d'éclater; dans le second, quelque chose de cynique et de dérisoire comme l'inspiration d'un démon malicieux qui s'égaie aux angoisses d'un monde expirant. Toute la révolution étoit là, et cependant la révolution n'étoit pas encore, si ce n'est dans le style. Beaumarchais et Diderot n'appartenoient pas plus à l'Académie que Jean-Jacques Rousseau, le législateur, assez mal compris, de cette régénération confuse ; et si les révélations hardies du philosophe n'avoient rien appris au cabinet des rois, la commission perpétuelle du Dictionnaire ne croyoit pas avoir gagné un mot aux brûlantes compositions de l'enthousiaste, et aux saillies éblouissantes du bouffon. La députation de l'Académie aux tribunes politiques est assez curieuse. Elle se composoit, je crois, de Bailly, dont le talent élevé n'avoit rien de populaire, et qui n'obtint, en effet, dans son trop court passage aux affaires, que la popularité de la vertu ; de Target, académicien enté sur un avocat, qui ne se fit pas même distinguer au second

rang des avocats, après le jeune Barnave ; et
de Condorcet, dont l'inintelligible méta-
physique auroit versé quelque ridicule sur
sa vie, s'il ne s'étoit dérobé à tous les souvenirs antérieurs par l'intérêt qui s'attache
à sa mort. C'est qu'une académie étoit un
corps essentiellement en dehors du mouvement du langage et du mouvement du pays,
une institution que l'on auroit cru fondée
par une habile prévision de Richelieu pour
immobiliser l'esprit humain, pour pétrifier
la parole, et qui représentoit notre état littéraire précisément comme la cour représentoit notre état social. On sait que les aca-
démies ont beaucoup profité depuis ce
temps-là.

J'ai souvent entendu dire que l'Assemblée constituante avoit été la plus éloquente
de nos assemblées politiques, et je le croi-
rois volontiers dans un sens relatif. A l'épo-

que de la révolution personne n'étoit gâté
par l'éloquence ; la discussion des intérêts
de tous étoit chose nouvelle pour chacun ;
et le port assuré, l'attitude imposante, la
féconde verbosité d'un député qui parloit d'a-
bondance, comme s'il en avoit toujours fait
son état, devoient remplir l'auditoire de cet
étonnement des nouveautés que tous les peuples confondent avec l'admiration. Ce sentiment se seroit épuisé promptement, s'il
n'avoit été ravivé par des chances plus dra-
matiques , et dans lesquelles les intérêts
personnels fussent un peu plus impliqués.
La polémique des premières assemblées nationales étoit tumultueuse, mais non mor-
telle. A la Convention chaque orateur ap-
portoit sa tête pour pleiger son opinion,
comme dans cette république de Charondas
où l'on ne pouvoit demander une modifica-
tion de la loi qu'en montant à la tribune la

corde au cou. Une séance de la Convention étoit une bataille ou une tragédie.

Vergniaud s'est trouvé rarement sur le terrain de la polémique. Insouciant par caractère, et peut-être par sagesse, il aima mieux faire le sacrifice de sa vie que de la disputer. S'il répond à une agression, c'est quand l'attaque lui est immédiatement personnelle, et il étoit rare qu'on osât s'attaquer immédiatement à Vergniaud. Alors il se renferme dans les faits essentiels de sa défense, et il les développe sans ornements, parce qu'il croit le plus naturel des artifices indigne d'une bonne cause. Au mois d'avril 1793, Robespierre l'accuse de modération, et la modération est un grief qui emporte la peine de mort. La réplique de Vergniaud est terre-à-terre comme celle qu'il auroit faite au barreau de Bordeaux dans quelque discussion sur un mur mitoyen. A peine son

imagination l'emporte dans cet admirable
mouvement :«Je sais, Robespierre, que la li-
» berté est toujours active comme la flamme;
» qu'elle est inconciliable avec ce calme par-
» fait qui ne convient qu'à des esclaves. Si
» on s'étoit borné à nourrir le feu sacré qui
» brûle dans mon cœur aussi ardemment
» que dans vos âmes impétueuses, de cruels
» dissentiments n'auroient pas éclaté dans
» cette assemblée. Je sais bien que dans nos
» tempêtes révolutionnaires, comme dans
» celles de l'Océan, le peuple est difficile à
» calmer comme les flots battus par les
» orages. Mais le ministère du législateur est
» de prévenir ces désastres par de sages con-
» seils, et non de les entretenir par des man-
» œuvres imprudentes. Si pour être pa-
» triote, Robespierre, il falloit se déclarer
» le protecteur du meurtre et du brigan-
» dage, vous pouvez prendre acte de ma

» déclaration : je ne suis pas patriote , je
» suis modéré.»

Ce discours, d'ailleurs peu remarquable,
trahit l'abattement de Vergniaud, mûr avant
le temps pour la mort, à force d'apathie et
de paresse. C'est ce jour-là qu'il eut la gloire
d'arracher à la Montagne le seul rire qui ait
déridé son front sourcilleux. Robespierre
avoit dénoncé la correspondance de Vergniaud. « Ma réponse est facile, dit Ver-
» gniaud ; je n'ai jamais écrit une lettre. »

J'ai cité à dessein ce passage, parce qu'il
nous met à demi dans la confidence du talent de Vergniaud. Nourri d'excellentes lectures classiques, il en avoit approprié le
souvenir, avec toute la puissance de sa magnifique imagination, aux moindres questions de la tribune. Ainsi cette comparaison
d'un peuple tourmenté par les révolutions
à une mer que soulèvent les tempêtes, et

d'un sage législateur à un bon pilote, est
probablement plus vieille qu'Homère. Je ne
sais comment, si naturellement appliquée
dans une question de personnes, elle a pour
moi un charme étrange de nouveauté. Voilà
ce que Vergniaud affectoit par-dessus toutes
choses : les comparaisons tirées des scènes
naturelles qui s'adressent à tout le monde,
et les allusions aux souvenirs consacrés de
la mythologie et de l'histoire, qu'une riche
mémoire lui fournissoit avec une intaris-
sable abondance. Joignez à cela quelques figures suspensives du discours qui tiennent
l'esprit des auditeurs en haleine; le doute,
la réticence, l'interrogation; et vous aurez
à peu près la mesure d'un des plus grands
orateurs des temps modernes. Mais, il faut
l'avouer, cette mesure est circonscrite, si on
la compare à la vaste carrière qui étoit alors
ouverte à l'orateur; et si on osoit essayer
d'imiter le langage de Vergniaud, on diroit

que Popilius a enfermé sa tribune aux harangues dans un cercle de sa baguette.

Que Vergniaud s'écrie : « La révolution » est comme Saturne ; elle dévorera tous ses » enfans. »

Qu'il dise, en appuyant sa main sur l'épaule de son ami, le médecin Le Hardy, condamné avec lui à la mort : « Docteur, » vous pouvez consacrer vingt coqs à Escu- » lape ; tous vos malades sont guéris. »

Qu'il se livre presque endormi à la planche de la guillotine, en recommandant au bourreau, qui ne le comprenoit pas, de porter le reste de la coupe au beau Critias, cette forme le caractérise ; elle est le sceau de son génie ; elle rappelle Montesquieu, qu'il avoit beaucoup étudié, et deux écrivains trop méconnus aujourd'hui, dont Vergniaud faisoit, après Montesquieu, sa lecture la plus

accoutumée, quand Vergniaud daignoit lire ;
le philosophe Delisle de Salles, dont la pompe
un peu artificielle n'exclut, dans ses bons
écrits, ni une vraie majesté ni une solide
éloquence ; et le philanthrope Dupaty, pro-
sateur éblouissant, auquel on n'a jamais re-
proché que l'heureux excès de l'imagination
et de l'esprit. C'est du père que je parle. On
pourroit aisément s'y tromper.

Si l'on pousse plus loin l'examen du style
de Vergniaud, on y trouvera une grande et
spirituelle intelligence de cette dialectique
romaine, perfectionnée par Cicéron, exagérée par Sénèque, et dont l'effet résulte
d'un cliquetis brillant de figures abruptes
et serrées, qui se précipitent brusquement
les unes sur les autres avec une autorité
toujours croissante, parce que la conséquence d'une proposition est si intimement
liée à sa forme, qu'elle ne laisse jamais un

moment à la réponse. Les discours de Vergniaud en sont hérissés ; mais il en diversifie
admirablement la physionomie, en faisant
passer cette figure hardie à travers toutes
les modifications qu'elle peut subir, depuis
l'affirmation qui doute jusqu'à la négation
qui affirme. Quelquefois il se saisit même
du texte d'une accusation capitale pour y
enchaîner pièce à pièce les parties essentielles de sa défense. Ainsi, dans le discours
que j'ai cité, il se joue du grief essentiel de
la dénonciation de Robespierre, en le re-
produisant de phrase en phrase, et de phrase
en phrase affoibli par le tour caustique d'une
méprisante ironie. « Nous, les complices de
» Dumouriez! » dit Vergniaud.—Et de cette
idée, qui est celle de l'attaque, découlent
inépuisables toutes les preuves de l'éloigne-
ment qui existoit ou qui devoit exister entre
le parti de Dumouriez et les Girondins.

Vergniaud se croit-il obligé à prouver devant le tribunal révolutionnaire qu'il a rempli tous les devoirs que la république pouvoit attendre du plus dévoué de ses enfans? il convertit sa plaidoirie en apologie historique, sans renoncer à cette forme contradictoire qui avoit donné jusqu'alors tant d'éclat à ses discours. Il ne répond plus à ses juges, il les interroge.

« Que falloit-il faire, dit-il, pour assurer
» le triomphe de la république ? Je l'ai
» fait. »

Et dans ce cadre, rempli, pendant une heure, de magnifiques développements, placés entre cette question toujours la même, et cette solution qui ne change pas, il renferme tout le récit d'une vie politique qui ne devoit attendre que des couronnes. On croiroit qu'il ne lui restoit plus qu'à prendre pour péroraison la dédaigneuse défense de Scipion, injustement accusé comme lui, et que le peuple, et les juges, et les bourreaux vont le suivre au Capitole !

« Que faut-il faire encore, ajoute-t-il, pour » consolider la république par l'exemple des » plus énergiques de ses enfants? Mourir? Je » le ferai. »

Ici l'éloquence est portée à son plus haut degré, parce que, suivant l'expression du grand maître de l'éloquence, elle est non-seulement dans la parole, mais dans la vie de l'homme qui parle ; et si cela n'est pas sublime, la notion du sublime ne m'arrivera jamais.

J'ai dit que Vergniaud avoit donné beaucoup de place dans le système d'ailleurs peu calculé de ses compositions, aux images naturelles, aux peintures de la campagne, aux émotions innocentes de la vie ; et il a cela de commun avec tous les beaux génies qui sont arrivés à l'époque de la décadence des peuples ou de leur renouvellement. Leur caractère dominant est une mélancolie douce et timide, qui n'aspire qu'à la solitude rêveuse du désert, ou au sommeil tranquille du tombeau. Ce trait suffiroit pour marquer son impuissance à se mettre à la tête des affaires d'un grand pays, métier d'ambition, d'égoïsme, et presque de cruauté, qui force irrésistiblement le cœur le plus noble à l'oubli de ses jeunes sentiments et de ses affections familières, et qui a réduit peut-être tel homme de cœur et de talent à devenir je ne sais quoi, un grand seigneur.

Vergniaud est amirable, je le répète, dans l'expression de ces allégories gracieuses, dont le charme et l'harmonie s'embellissoient encore de l'implacable austérité des discussions ordinaires. C'est comme un hymne d'Apollon, apporté de la Grèce par Iphigé-

nie, et chanté inutilement aux fêtes sanglantes de Tauride. Veut-il peindre la liberté
et l'égalité? C'est « sous la figure de deux
» sœurs qui s'embrassent, et non de deux
» tigres qui se dévorent. » S'il implore le
jour de l'émancipation des peuples, il craint
de le voir apparoître « dans les nuages téné-
» breux de la tempête. » Il le demande « à
» l'orient d'un soleil sans nuages. » C'est la
voix d'un des anges fidèles de Milton, égaré
parmi les démons, et dont la harpe résonne
au milieu des hurlements du *pandæmonium*.
C'est l'Abbadonna de Klopstock, quand il
eut pénétré avec horreur les mystères de
Satan.

Après cela, le caractère connu de Vergniaud, et jusqu'à sa fidélité trop scrupu-
leuse à ces études poétiques des colléges qui
ont encore aujourd'hui quelque grâce, mais
qui déjà n'étoient plus françoises, font assez

deviner qu'il ne fut jamais ce qu'il pouvoit
être. La muse de la tribune révolutionnaire,
c'étoit la véhémence, c'étoit la fureur; et
Vergniaud, incapable d'arriver à la fureur,
n'a presque jamais été véhément. On trouve
une sorte d'abattement jusque dans son enthousiasme. Si la nature lui avoit donné la
fougue de Mirabeau, il auroit dompté aisément la Montagne; mais, pour en revenir à
ses figures favorites, auxquelles une nouvelle lecture m'a accoutumé, il n'avoit pas
la foudre de Jupiter, et il combattoit les Ti-
tans. C'étoit bien plus d'ailleurs qu'Ossa sur
Pélion, c'étoit Vésuve sur Etna; et on ne
ferme pas la bouche des volcans en y jetant
des fleurs. Son génie avoit trop de culture
pour un peuple qui venoit de se faire agreste
et sauvage, trop d'éclat pour des jours d'o-
rage et de ténèbres. Vergniaud manque d'ailleurs des passions du temps, et pour être
d'un temps, pour exprimer une époque aux

yeux de la postérité, il faut avoir ses passions et même ses excès. Il met la main sur un crime pour le réprimer; il ne le saisit pas, et il se laisse prendre. C'est une créature de volupté, de dédain et d'oubli, qui a l'instinct du courage, et qui n'en a pas l'élan. Mettez à la place de sa nonchalante langueur quelque généreuse frénésie, et la *Montagne* tombe; malheureusement, on peut dire de lui ce que Saint-Just disoit de Danton : *Vergniaud dormoit.*

Si j'ai compris le talent de Vergniaud qui est admirable, mais qui n'est pas assez complètement celui qu'il falloit, il avoit quelque chose de systématique et d'arrangé qui convient merveilleusement aux débats monotones du barreau, ou aux élucubrations méthodiques des sociétés littéraires; mais qui rencontre peu d'accord et de sympathie dans les tumultueuses et discordantes logomachies des partis. Il faudroit arriver là avec une âme jeune, sincère, effervescente et vigoureuse. Vergniaud n'avoit que trente-quatre ans, c'est tout au plus l'âge de la force; mais il avoit reçu une éducation sévèrement classique, et il étoit avocat.

D'après ce que j'ai dit de ce moule oratoire, dans lequel tous les discours de Vergniaud sont jetés, sans en excepter ses improvisations, on comprendra aisément que, de tous les orateurs de la révolution, il n'y en a point dont le *pastiche* soit plus facile, bien qu'il n'y en ait peut-être point de plus parfait. C'est qu'il lui manque simplement d'être tout-à-fait lui; c'est qu'il lui manque, comme on dit aujourd'hui, cette individualité qui fait valoir toutes les autres qualités de l'orateur et de l'écrivain. C'est Virgile gémissant au tombeau de Marcellus; c'est Rousseau absorbé dans les rêveries du *pro-*

meneur solitaire; c'est Bernardin sous les
bambous des pamplemousses. Ce n'est pas
ce Vergniaud intime et personnel que l'on
voudroit trouver, l'homme après le grand
homme. Je sais au moins que Ducos et
Boyer étoient frères d'alliance; que le dernier étoit riche et bienfaisant; que Brissot
étoit pauvre, et qu'à travers tant de chances
de séduction et tant d'occasions de rapines,
il avoit conservé ses mains pures de la flé-
trissure la plus honteuse qu'une révolution
puisse imprimer sur des mains généreuses,
celle de l'or. La vie des grands hommes est
dans leur parole, et la parole de Vergniaud
n'est qu'une mélopée sonore et merveilleuse
dont on éprouve l'enchantement, sans se
rendre compte du mystère qui le produit.
On jugera de la vérité de cette impression à
la lecture de la plupart de ses discours. Je
crois qu'il reste à peine quelques débris de
sa réponse aux argumentations anglo-amé-

ricaines de Brissot, dans ce club de Roland, où s'agitoient les élémens encore confus d'une république fédérative. Ce fragment est remarquable en ce point qu'il reproduit la plupart des formes oratoires de Vergniaud, et qu'il donne une idée assez juste de son système de composition.

« Brissot oublie, dit Vergniaud, que la » civilisation de l'Amérique est née de la » nôtre, et assez péniblement, ce me semble, » pour que tous les siècles s'en souviennent : » elle a peut-être coûté la vie à sa mère. Les » diverses nations ont diverses mœurs, les » temps ont des besoins temporels, les lé- » gislations reposent sur des règles antécé- » dentes (passez-moi cette mauvaise expres- » sion), et tout cela existe, parce que tout » cela est nécessaire. Brissot, qu'une instruc- » tion si variée a initié aux secrets les plus » relevés de la politique, n'a cessé de nous

» présenter pour exemple cette législation
» ultra-atlantique, bonne aux peuples qui se
» la sont faite, mais qui n'est pas plus ap-
» plicable à notre monde usé que les cul-
» tures de l'Amérique à nos froides cam-
» pagnes. Nous donnerez-vous un jour, mon
» cher Brissot, les végétaux des tropiques,
» avec les ravissantes harmonies de leur
» terre natale, la chaleur vivifiante de leur
» ciel de feu, et l'énergie de leurs parfums?
» Qu'est-ce, d'ailleurs, qu'un peuple colon?
» Une famille adulte, une société de jumeaux
» en robe virile, qui ont reçu d'une édu-
» cation uniforme des facultés presque
» toutes pareilles entre elles; un état poli-
» tique de convention qui n'a de but que sa
» durée, de gloire que son indépendance.
» Jeté simultanément dans un monde d'exil,
» ce peuple y arrive en voyageur, et s'y im-
» pose facilement un contrat qui n'est que
» l'expression de ses intérêts les plus maté-

» riels, que la condition de cette existence
» relative dont le type n'est gravé nulle part
» dans la destination de l'homme; pacte
» viager qui lie à peine quelques généra-
» tions, qui n'emprunte rien au passé, qui
» ne doit rien à l'avenir, parce qu'il n'y a ni
» passé ni avenir pour une nation d'un jour,
» à laquelle le présent lui-même n'appar-
» tient que par hasard, car c'est au hasard
» qu'elle doit jusqu'à l'air qu'elle respire et
» jusqu'au jour qui l'éclaire. Il n'y a point
» de lois fondamentales, il n'y a point de re-
» ligion politique pour une civilisation ex-
» patriée, car il n'y en a point sans patrie.
» Il n'y a point de patrie dans le lieu où nos
» mères n'ont pas rêvé le berceau de nos
» enfants, où nos enfants ne peuvent pas
» semer des fleurs sur le tombeau d'un aïeul.
» Le Scythe qui répondit à l'étranger : Di-
» rai-je aux os de nos pères de se lever et
» de marcher avec nous? définit admirable-

» ment la patrie. La patrie de l'homme na-
» turel n'est pas si large qu'on se l'imagine.
» S'il a tracé un sillon, s'il a bâti une étable,
» planté un arbre et logé une femme; s'il a
» nourri un enfant entre la chaumière où il a
» été allaité, et le cimetière où il a suivi le
» convoi de son père, voilà la patrie. — La
» constitution passagère d'une caravane or-
» ganisée en peuple est un beau modèle à
» présenter aux Arabes nomades et aux aven-
» turiers Bohémiens. Il faut d'autres bases
» aux législateurs du vieux monde. Quand la
» statue de Pygmalion fut animée d'un souf-
» fle de Vénus, les hommes tombèrent à ses
» pieds et reconnurent qu'elle étoit belle;
» mais Rousseau lui-même ne lui a prêté que
» l'expression confuse d'une personnalité
» stérile. Aucun sein ne l'avoit portée; au-
» cun regard ami n'avoit épié l'essai de ses
» premiers pas; aucune oreille n'avoit été
» réjouie de ses bégaiemens enfantins; ja-

» mais ses doigts n'avoient joué dans des
» cheveux blancs ; jamais son cœur inquiet
» et curieux n'avoit palpité sur un cœur :
» caprice ingénieux de l'art, un moment
» vivifiée par le feu de la nature, mais in-
» nocente par ignorance et non par pudeur ;
» dépourvue de l'instinct de l'amour par le-
» quel on est aimée, incapable de connoître
» le bloc même dont elle est sortie, toute
» vivante elle touche de toutes parts au
» néant, et la mythologie l'a si bien senti,
» qu'elle n'a pas daigné la rendre mère.
» Vos républiques américaines ressemblent
» beaucoup à cette statue..... Quand Moïse
» conduisit son peuple à la terre de Cha-
» naan, il ne se contenta pas de lui dire :
» Je vous mène dans une région où coulent
» des ruisseaux de lait et de miel ; il lui dit :
» Je vous promets une terre qui a été pro-
» mise à vos ancêtres, et que le Seigneur
» a marquée pour le patrimoine des enfants

» d'Israël. Je comprendrois qu'on refît une
» civilisation dans notre Gaule celtique avec
» les souvenirs des druides. On n'en fon-
» dera point sur des idées purement mo-
» rales. Telle est la destinée de l'homme.
» La divinité qui préside aux créations.
» sociales, ce n'est ni la doctrine du philo-
» sophe, ni l'expérience du légiste. C'est la
» nymphe du poète ou la fée du romancier.
» La sagesse de Numa n'auroit pu se passer
» d'Égérie. Nous qui sommes venus à la fin
» d'une société, nous nous sommes épris de
» nos œuvres, en voyant derrière nous des
» ruines, mais nous n'avons rien bâti. Les
» amants de Pénélope n'ont pas été trompés
» plus amèrement que ceux de la liberté.
» L'intelligence humaine a des nuits pro-
» fondes qui détruisent l'ouvrage de ses
» jours. Tant qu'un siècle léguera au siècle
» qui le suit une page de l'histoire, une
» tradition, un monument, une pierre, il ne

» sera pas permis de rien édifier. Pour les
» sociétés humaines, comme pour l'homme
» qui a vu beaucoup d'années, il n'y a de
» nouveau que la mort. Les Péliades, qui
» égorgèrent leur vieux père pour le rajeu-
» nir, étoient d'habiles républicaines. Elles
» savoient le secret des révolutions. A la
» naissance d'un peuple, le sacrifice d'un
» homme peut quelque chose ; mais, quand
» ce peuple a vieilli, le gouffre de Curtius
» ne se referme que sur le peuple tout en-
» tier. »

Cette députation de la *Gironde*, qui a
donné son nom à un parti et presque à une
France, appuyoit Vergniaud de talents énergiques et brillants dont l'ensemble ne se re-
produira jamais. C'étoit Guadet, avec son
scepticisme, frondeur et ses altercations
grondeuses ; c'étoit Gensonné, avec sa discussion insidieuse et son ricanement sour-

nois. Mais la révolution n'avoit que quatre
ans, et ces grands orateurs, qui y étoient
arrivés hommes faits, apprécioient mal leur
position. Quand Louvet renouvelle, dans
son admirable accusation contre Robespierre, le *Quousquè tandem* de Cicéron, je
tressaille d'enthousiasme. Quand je me rappelle qu'il prononce tout cela devant l'ar-
murier Noël Pointe et devant le tisserand
Armonville, qui vont détruire, d'une imprécation obscène ou d'une apostrophe brutale, l'effet de son discours et de son dévouement, je frémis d'étonnement et de
douleur. Il ne faut comparer à aucune éloquence l'éloquence révolutionnaire. C'est
un langage de contagion dont la rhétorique
n'a pas le secret.

La nature avoit refusé ce secret d'une
époque d'exception à Vergniaud et à la plupart de ses amis : Fonfrède, lui seul, a dé-

veloppé quelques inspirations pleines de fougue et d'impétuosité dans les séances qui précédèrent le 31 mai. Je suis convaincu qu'il y avoit en lui les éléments d'un grand talent; mais la mort lui apporta la palme du martyre avant qu'il eût achevé de conquérir la couronne de l'orateur. On a écrit depuis, dans les biographies, qu'il avoit été destiné, jeune, à la carrière des missions, la seule qui laissât quelque place, avant la révolution, aux mouvements de l'éloquence passionnée. Si ce fait est vrai, il fournit un argument de plus à la théorie infaillible des influences de l'éducation.

On ne sauroit se dispenser de parler ici de Brissot, bien qu'il n'ait pas laissé un nom éminent comme orateur. C'étoit un homme probe, instruit, disert, et plein de bonne foi dans ses convictions, dont une organisation débile et souffrante, et une profonde

mélancolie avoient empreint le langage d'une
onction assez touchante, mais qui manquoit
de cette puissance énergique de l'âme qui
va graver en traits de feu ses impressions
dans l'âme des autres. L'homme du même
parti qui possédoit au plus haut degré le don
de ces inspirations véhémentes qui éclatent
comme la foudre en explosions soudaines
et terribles, c'étoit Isnard, génie violent,
orageux, incompressible, qu'exaltoient des
passions fortes, et un esprit de religiosité
qu'on croiroit presque incompatible avec
elles. Maximin Isnard, parfumeur à Dragui-
gnan, où je crois qu'il existe encore, avoit
reçu une éducation conforme à cette organisation extraordinaire. Sa mémoire, riche
et ornée, fournissoit abondamment aux
élans de sa brusque improvisation. Ce n'é-
toit cependant pas un de ces discoureurs
dont la parole infatigable s'étale avec complaisance dans les colonnes d'un journal.

Son éloquence ne procédoit guère que par phrases, ou pour mieux dire, que par exclamations; mais ce cri formidable ne manquoit jamais son effet, et il portoit dans l'assemblée, subitement émue, l'admiration ou la terreur. Quand Narbonne prête serment, comme ministre de la guerre, devant la seconde législature, Isnard se lève de sa place, et lui crie : « Monsieur, la res-
» ponsabilité, c'est la mort! » — « Qu'êtes-
» vous, dit-il à la Convention nationale en
» lui montrant la Montagne? Le jouet d'un
» enfant féroce, une machine à décrets dans
» les mains du bourreau! » — Isnard présidoit cette assemblée, quand une foule ivre de rage vient demander quelques têtes pour l'échafaud! « Si la modestie n'étoit pas aussi
» une vertu républicaine, répond-il, je m'af-
» fligerois de n'être pas compris dans cette
» liste glorieuse; la Convention nationale
» vous accorde les honneurs de la séance. »

— Une voix menaçante s'élève au milieu de
ce peuple soudoyé. Isnard reprend avec une
fermeté impassible : « Dites à vos commet-
» tans que le jour où Paris attentera à la
» liberté de la Convention nationale, précè-
» dera d'un jour celui où le voyageur cher-
» chera sur quelle rive de la Seine cette ville
» a existé. » Envoyé en mission à Marseille
après le 9 thermidor, il est entouré de la
jeunesse tragique des compagnies de Jéhu,
qui se plaint de n'avoir point d'armes pour
frapper les terroristes : « Eh bien! s'écrie-
» t-il, si vous manquez d'armes, déterrez
» les os de vos parents qu'ils ont assassi-
» nés! »

Le plus long de ses discours est son accusation contre Fréron ; c'est là qu'il déploie
avec une incroyable ostentation de richesses
toute la magnificence des plus belles formes
oratoires, mais particulièrement l'énuméra-

tion, l'apostrophe et la prosopopée. Cette figure d'énumération domine la composition tout entière, et il y enchaîne une de ces répétitions énergiques qui retentissent profondément dans l'âme des auditeurs. Sa proscription terminée, il raconte qu'il est venu dans le pays natal rafraîchir sa vie à la source des plus tendres sentiments, et reconnoître ces délicieuses campagnes de la Provence, peuplées des heureuses émotions de son enfance ; il les rappelle, il les décrit complaisamment, telles qu'il les avoit vues autrefois, et puis tout à coup la scène change ; il n'aperçoit qu'un théâtre sanglant chargé de ruines encore fumantes, et il demande avec effroi quel fléau a porté ses horribles ravages dans la terre favorite de la nature. « Ces tours superbes qui frappoient d'admi- » ration les voyageurs ravis, est-ce la foudre » qui les a renversées ?.... » Et une voix d'une monotonie solennelle et terrible comme un

écho anticipé de l'histoire, lui répond : C'est
Fréron, Et avec cette question qui se renouvelle à chaque pas, avec cette solution
toujours attendue, et de plus en plus effrayante, il poursuit jusqu'à son terme cette
Verrine accablante, à laquelle Fréron eut le
courage de survivre par une grâce d'état
toute spéciale.

Ce discours extraordinaire n'est cependant
dant pas bon, dans l'acception exacte du
terme. Il est gâté par une autre figure dont
Isnard faisoit l'abus le plus fatigant, et qui
étoit, à vrai dire, le moule naturel des con-
ceptions de cet esprit exalté, sans direction
positive, sans principes fixes en aucune matière, sans goût, sans règles et sans mesure,
auquel il faut reconnoître les brillantes saillies du génie, mais qu'on ne proposera jamais pour modèle. Cette figure, c'est l'hyperbole, et non l'hyperbole à la manière de

Balzac et même du père Lemoyne, mais plus digne quelquefois de La Calprenède et de Cyrano. Vous l'entendrez crier à Fréron que, si l'échafaud qui lui est destiné pouvoit s'élever sur une base composée des innombrables cadavres de ses victimes, il seroit vu de la France entière. Legendre avoit dit quelque temps auparavant, en parlant des massacres de Nantes : « Les navigateurs » s'affranchissent maintenant du baptême » du tropique, pour ne pas se baigner dans » le sang de leurs parents. » On croiroit que Corneille avoit prévu ces exagérations quand il peignoit dans *Pompée*

Des montagnes de morts privés d'honneurs suprêmes,
Que la nature force à se venger eux-mêmes,
Et dont les troncs pourris exhalent dans les vents
De quoi faire la guerre au reste des vivants.

Il ne faut toutefois pas juger ces images hors de nature, sans se rappeler que tous les objets de comparaison qui pouvoient fixer la pensée se ressentoient alors de cette allure désordonnée de l'imagination et de la parole. L'imprécation se faisoit géante pour prendre les proportions du crime qu'elle accusoit. L'hyperbole de Corneille est outrée, parce que les spectateurs de sa tragédie ne sont pas assez vivement émus d'un souvenir récent de la *Pharsale*, pour se représenter, au neuvième vers de la première scène, les effroyables résultats des guerres civiles; mais l'auditoire d'Isnard et de Legendre a vu des cadavres accumulés et des rivières sanglantes, et leur hyperbole n'est plus qu'un tableau.

Entre la *Plaine* que je viens de quitter et la formidable *Montagne* de la Convention, l'instinct du bien, l'expérience des maux, le besoin du repos qui est naturel aux âmes droites et pures, quelque méticulosité peut-être de mœurs et de caractère, avoient réuni un tiers parti dénué de toute puissance pour bien faire, de toute influence pour empêcher de faire mal, et qui assistoit aux fêtes sanguinaires de la terreur, indigné et muet, comme Caton aux fêtes impudentes de Flore. C'est là qu'on trouveroit avec ceux dont j'ai parlé, ou qui me restent à nommer, les hommes les plus instruits et les plus spirituels de cette assemblée mémorable. Cependant leurs noms se reproduiroient rarement dans une galerie oratoire de la Convention nationale. Ils y apparoissent tout au plus, comme Lanjuinais, Boissy d'Anglas et Vernier, aux jours de danger et d'émotion publique. A part quelques nuances qu'indique l'histoire, et qui n'appartiennent pas à la critique littéraire, on peut rapporter à cette catégorie les Dulaure, les Daunou, les de Bry, les Chénier, les Grégoire, les Villars, les Pons de Verdun, les Viennet, les Wandelaincour. Plusieurs d'entre eux, et Jean de Bry surtout, dont l'esprit harmonieusement vaste embrasse une multitude d'idées et de connoissances qu'il sait rendre et communiquer avec une élégance facile et ferme, paroissoient appelés aux succès de la tribune. Ils les ont presque évités, et les circonstances étoient si fortes, le fait dominoit de si haut la puissance de la raison appuyée de tous les prestiges du langage, qu'on oseroit à peine dire que leur silence ait été une calamité nationale. Il faut remonter aux extrêmes de l'assemblée, pour y rencontrer ces grandes physionomies tribunitiennes, phénomènes des jours de malheur, qu'on admire comme les météores, et qui ne laissent derrière elles, comme les météores, que des désastres irréparables et des souvenirs de mort.

Il faut avouer que les puissances populaires de la Montagne, qui représentoient
beaucoup plus exactement les passions de
la majorité (et c'est pour cela qu'elles étoient
populaires), étoient par conséquent le signe
et la valeur exacte de notre démocratie
françoise, l'organe d'une nation qui n'est
plus contenue par un pouvoir, et qui n'en
veut point reconnoître. Ce qui m'étonne,
c'est que ces idées n'aient pas été appréciées
alors, et qu'un principe accablant, comme
celui de la souveraineté du peuple, n'ait pas
désarmé une opposition composée d'hommes qui l'avoient proclamé les premiers.
C'étoit une inconséquence grossière que
de se révolter contre ces volontés tumultueuses, qui n'étoient, en dernière analyse,
que l'expression de l'omnipotence des peuples, une fois qu'on l'avoit instituée, et la
Gironde étoit véritablement contre-révolutionnaire, suivant les termes de sa propre

logique. C'est ce défaut de position qui l'a perdue. Il suffit de se transporter dans un ordre de conséquences déduites des systèmes du temps, pour concevoir que la tribune devoit se taire devant les tribunes, les tribunes devant la commune, et la commune devant toute agrégation d'hommes qui s'appeloient le peuple. On avoit transporté l'aristocratie dans les masses, où elle est effrayante, au lieu de la concentrer, comme dans les monarchies, sur des familles d'élection, où elle n'est que ridicule. C'étoit une combinaison sauvage et monstrueuse; mais elle étoit, et l'homme qui lutte contre une démocratie établie avec la participation de sa volonté, doit demander l'échafaud comme Kersaint et Manuel, mais il ne lui est pas permis de discuter. Les Montagnards sont de cruels logiciens, mais les Girondins sont des sophistes. Et c'étoit la Montagne qui occupoit l'avant-garde de cette plèbe séditionnaire, toujours prête à la gagner de vitesse, et qu'elle ne laissoit en arrière qu'à force d'excès. C'étoit de cette tourbe effrénée qu'elle avoit reçu toutes ses conditions d'existence, et on s'étonne qu'elle ait été violente et furieuse! Qu'auroit-on voulu qu'elle fût? C'est un état de force majeure.

En un mot, ces Girondins, qui ont trouvé tant de sympathies dans le parti modéré de la révolution, étoient d'excellents orateurs, mais qui rappeloient mieux le Portique que le Forum, et dont la turbulence démocratique n'avoit jamais besoin d'être tempérée par les cadences harmonieuses du flûteur de Gracchus. A côté d'eux ou au-dessous se trouvoient encore d'habiles praticiens du langage, qui auroient été, dans un ordre de choses naturel, l'honneur de la tribune; mais la pensée du temps n'ap-

partenoit ni aux uns ni aux autres. Elle étoit
placée dans une région où l'on ne pénétroit
pas sans une sorte de délire, dans un monde
qui ne sera jamais social, mais qui étoit le
monde que la révolution avoit fait, et ce
monde étoit par malheur aussi réel et aussi
indispensable qu'un autre.

Je crois donc que l'autorité de la parole
a appartenu à la Montagne, non pas dans
ce sens convenu où la parole est l'expression du goût et de l'esprit, mais dans celui
où elle représente la pensée dominante et
les passions d'une époque; et c'est ainsi
qu'on définiroit l'éloquence. Je ne parle
certainement ici ni de Marat, qui ne s'énon-
çoit que par hurlements sauvages, ni de Barrère, aristocrate déguisé en jacobin, dont
les études et les inspirations n'avoient rien
de révolutionnaire, et qui suppléoit à ce
défaut de position oratoire par une flasque

abondance de lieux communs élégants, Léthé
limpide et froid, au murmure duquel s'en-
dormoient tous les jours, pendant une heure, les tempêtes de l'assemblée; ni même de
Robespierre, quoique Robespierre, mal jugé
sous le rapport du talent, ait laissé de très-
belles pages, et par extraordinaire les pages
les plus empreintes de spiritualisme et de
sensibilité qui soient sorties des presses de
la Convention : phénomène qui n'est pas
un argument, et qui ne prouvera rien contre
l'histoire, quand l'histoire sera éclaircie.

Je parle de quelques tribuns dont le nom
n'a jamais été prononcé en rhétorique; de
Legendre, si bien comparé au paysan du
Danube; de Danton, qui avoit sur Legendre
la supériorité de l'étude sur l'instinct et
du génie sur l'enthousiasme; et surtout de
Saint-Just, qui s'étoit fait, à part de la société tout entière, un langage, un caractère
et une république.

Au reste, j'ai besoin de répéter qu'il n'est ici mention que de la puissance et des prestiges de la parole. Les Sirènes faisoient mourir les amants que le charme de leurs concerts attiroit auprès d'elles, mais l'antiquité ne les accuse pas d'avoir mal chanté.

Robespierre l'aîné.

J'ai laissé le lecteur sur une étrange hypothèse. J'ai dit qu'il falloit chercher dans
les discours de Robespierre presque tout ce
qu'il y avoit de spiritualisme et de sentiments
humains dans l'éloquence conventionnelle.
En effet, à part quelques touchantes inspirations de Brissot auxquelles j'ai ailleurs
rendu justice, et qui respirent une tendre
et profonde mélancolie, ce n'est pas à la

Gironde qu'il faut demander ce genre d'impressions qui descendent de haut. Essentiellement classique, elle ne se représente l'esprit de la nature que sous des formes matérielles. Son langage est l'expression élégante et forte de la philosophie et de la littérature du xviiie siècle, animées de toutes les ressources d'un beau génie qui réunit quelquefois la véhémence entraînante de Rousseau à la piquante ironie de Montesquieu; mais il n'y a point de Dieu dans sa froide mythologie, et Robespierre accusoit Guadet de n'avoir jamais entendu sans sourire le nom de la Providence. Fauchet imprima bien un caractère religieux et solennel à quelques-uns de ses derniers discours; mais ces discours n'appartiennent plus à la polémique révolutionnaire. Fauchet, frappé d'une illumination soudaine, et rappelé, comme saint Paul, par le Dieu qu'il avoit persécuté, redevient, dans ces jours d'agonie qui précèdent son supplice, un orateur chrétien.

La question seroit étrangement déplacée si je la mettois là. C'est comme si je m'occupois gravement d'établir quel fut le plus sincèrement dévot de don Juan ou de Tartufe, et je doute que la postérité s'avise jamais de s'en informer, quel que soit un jour le vaste loisir dont elle doit goûter les douceurs sous l'empire affermi de l'ordre légal et des libertés constitutionnelles.

Robespierre n'étoit nullement organisé en homme religieux, et son éducation sèchement philosophique n'avoit certainement fait de lui qu'un athée; mais les circonstances, en le portant sur un terrain tout-à-fait nouveau, le forcèrent à pénétrer dans les mystères de l'organisation des peuples. Sa popularité, acquise par deux grandes qualités de l'homme d'État, l'austérité des

mœurs et le désintéressement le plus éprouvé, lui donnoit le pouvoir presque sans son
aveu, et pour assumer sur sa tête toute cette
puissance qui régénère les nations, il n'avoit
plus besoin que de la faire écrire dans la loi.
C'est alors qu'il rêva sans doute aux éléments essentiels des institutions politiques,
et qu'en suivant les conséquences d'une ambition qu'il pouvoit croire salutaire avec
quelque motif, il arriva jusqu'à un Dieu.
Une fois cette pensée acquise, il dut sentir
intimement que la civilisation recommençoit, et la France répondit à cette révélation
de son cœur par un cri de joie unanime.

Les orgies scandaleuses des athées, le
mythisme impur et dégoûtant des fêtes de
la Raison, les stupides emblêmes de cette
idolâtrie absurde qu'on essayoit de substi-
tuer à des traditions au moins respectables
par leur ancienneté, toutes les extravagances

d'un temps extravagant parmi tous les temps,
avoient ouvert à Robespierre les avenues
d'un trône. Médiocre peut-être, mais ex-
haussé par l'opinion et les événements, il
comprit les avantages de sa position et de
sa fortune, comme Bonaparte dut les comprendre un peu plus tard. Robespierre n'é-
toit pas parvenu au temps de souscrire un
concordat avec le pape; il le fit avec le ciel;
il rendit la France à Dieu pour la prendre,
et ce charlatanisme solennel, renouvelé de
tous les voleurs de couronnes des temps
anciens et modernes, n'eut pas moins de
succès chez le peuple le plus perfectionné
des temps modernes qu'il n'en avoit eu chez
les barbares des temps anciens. J'ai entendu
souvent ridiculiser la déclaration du peuple
françois, *qui reconnoissoit l'Être-Suprême
et l'immortalité de l'âme.* J'avoue que, les
dogmes admis, le côté bouffon de cette
formule m'échappe tout-à-fait, et pour com-

pléter ma pensée, j'ajoute que je la trouve très - convenable et très - belle. Seulement pour l'apprécier il faut prendre la peine de se transporter au temps. *Rien n'étoit plus.* C'est donc ici la pierre angulaire d'une société naissante. C'est le renouvellement d'un monde ; c'est le cri de ce monde éclos d'un autre chaos, qui se rend compte de sa création, et qui en fait hommage à son auteur ; l'élan de la nature entière, le jour où elle a retrouvé les titres oubliés de sa destination éternelle. Quand on juge ces choses-là dans de petites circonstances, avec de petits organes dont les petites impressions se réfléchissent dans de petites âmes, on a peut-être le droit de trouver ridicule ce qui seroit effectivement ridicule dans les temps ordinaires : mais telle n'étoit pas la situation de Robespierre. Au point où il étoit placé, et où il étoit venu sans le savoir, il falloit recommencer, et il recommençoit en homme sensé par le commencement.

Il y a plus. Rien ne prouve qu'il savoit lui-même pourquoi il faisoit ce qu'il faisoit. Il obéissoit à je ne sais quel instinct qui répond d'une manière inexplicable aux besoins d'une époque, et qui ne manque jamais au jour où il est indispensablement attendu. Il se trouve dans la masse d'individus la plus anti-sociale un esprit de socialité qui s'éveille à la décadence des nations, et qui recueille avec amour les débris de leur civilisation pour la refaire. Ce n'est pas une faveur spéciale de quelque organisation privilégiée, c'est une chance de conservation ou de réédification qui se reproduit éternellement dans l'espèce. Les circonstances font les hommes, et la plupart des hommes ne sont rien que par elles. Retirez la révolution de l'histoire, et Robespierre ne sera très - probablement qu'un avocat de province, tout au plus digne de l'académie d'Arras; Bonaparte, qu'un bon officier, hargneux, difficile à vivre, et d'assez mauvaise compagnie, qui couve inutilement un génie stérile. Jetez l'un et l'autre avec une impulsion invincible au milieu d'un monde ébranlé jusque dans ses fondements, et ce monde va changer de face.

Tout se ressentit de ce mouvement immense, et la parole de l'homme, qui est le signe essentiel de l'esprit social, s'en ressentit plus que tout le reste. Il y a une éloquence de temps, une éloquence d'événements, de passions et de sympathie, qui ressemble à celle du génie dans ses causes et dans ses effets, parce que son génie, à elle, réside dans la pensée universelle, et qu'elle ne jette pas un son du haut de la tribune qui n'aille exciter un long retentissement et un enthousiasme simultané dans l'âme de la multitude.

Je n'ai pas dissimulé que c'étoit là, tout au plus, l'éloquence de Robespierre, et cependant je conviens que son talent a grandi à mes yeux dans une proportion indéfinissable depuis que je l'ai comparé. La nature n'avoit rien fait pour lui qui semblât le prédestiner aux succès de l'orateur. Qu'on s'imagine un homme assez petit, aux formes grêles, à la physionomie effilée, au front comprimé sur les côtés, comme une bête de proie, à la bouche longue, pâle et serrée, à la voix rauque dans le bas, fausse dans les tons élevés, et qui se convertissoit, dans l'exaltation et la colère, en une espèce de glapissement assez semblable à celui des hiènes : voilà Robespierre. Ajoutez à cela l'attirail d'une coquetterie empesée, prude et boudeuse, et vous l'aurez presque tout entier. Ce qui caractérise l'âme, le regard, c'est en lui je ne sais quel trait pointu qui jaillit d'une prunelle fauve, entre deux paupières convulsivement rétractiles, et qui vous blesse en vous touchant. Vous devinez tout au plus au frémissement nerveux qui parcourt ses membres palpitants, au tic habituel qui tourmente les muscles de sa face, et qui leur prête spontanément l'expression du rire ou de la douleur, au tressaillement de ses doigts qui jouent sur la planche de la tribune comme sur les touches d'une épinette, que toute l'âme de cet homme est intéressée dans le sentiment qu'il veut communiquer, et qu'à force de s'identifier avec la passion qui le domine, il peut devenir, de temps en temps, grand et imposant comme elle. C'est une singulière méprise que d'avoir appelé Bonaparte *la révolution incarnée*. Il n'y a rien de plus dissident dans toutes les combinaisons des événements et de la pensée. Bonaparte étoit tout simplement le despotisme incarné. La révolution incarnée, c'est Robespierre avec son horrible bonne foi, sa naïveté de sang, et sa conscience pure et cruelle.

Les combinaisons de Robespierre, devenu maître de la terreur, n'étoient pas même le calcul d'une ambition spéculative. Il avoit senti que ce système ne pouvoit pas durer, et il croyoit sa main assez forte pour retenir le char de la révolution sur la pente où il descendoit à l'abîme. Quant à s'en faire à lui un char d'ovation et de triomphe, je doute qu'il y ait pensé avec une grande puissance de résolution, puisqu'il ne profita point de la fête religieuse du 20 prairial pour franchir tout ce qui restoit de barrières entre la dictature et lui.

J'ai le malheur d'être assez vieux pour me rappeler distinctement cette cérémonie, et j'étois, grâce au ciel, assez jeune pour en jouir, sans mélange des terribles impressions de cette époque. Je n'y voyois qu'une pieuse solennité, à laquelle je portois toute l'effusion d'un cœur disposé à croire, et que l'idée de Dieu a toujours charmé, même dans ces moments d'amère déception où elle ne l'a pas convaincu. Jamais un jour d'été ne s'étoit levé plus pur sur notre horizon. Je n'ai trouvé que long-temps après, au midi et au levant de l'Europe, cette transparence de firmament à travers laquelle le regard semble pénétrer d'autres cieux. Le peuple y voyoit du miracle, et s'imaginoit qu'il y avoit, dans cette magnificence inaccoutumée du ciel et du soleil, un gage certain de la réconciliation de Dieu avec la France. Les supplices avoient cessé; l'instrument de la mort avoit disparu sous des tentures et des fleurs. Un bruit d'amnistie se répandoit de tous côtés, et si Robespierre avoit osé confirmer cette espérance, toutes les difficultés s'aplanissoient devant lui. Mais il s'enivra de la joie publique, et trop confiant dans cette faveur mobile, dont aucun homme ne fut investi au même degré, il remit peut-être à d'autres jours un projet dont l'exécution ne paroissoit plus lui offrir aucun obstacle.

Il avoit pourtant fait tous les frais de sa tentative, et la foule comprenoit, sans s'étonner, qu'elle alloit avoir un maître. C'étoit partout un sentiment d'ordre qui faisoit sentir à tout le monde le besoin de la sécurité, et sans doute celui d'un pouvoir modéré qui maintient la société avec sagesse dans des bornes légales. Il n'y avoit pas une seule croisée de la ville qui ne fût pavoisée de son drapeau, pas un seul batelet de la rivière qui ne voguât sous des banderoles. La plus petite maison portoit sa décoration

de draperies ou de guirlandes ; la plus petite
rue étoit semée de fleurs, et, dans l'ivresse
générale, les cris de haine et de mort s'é-
toient évanouis comme la dernière rumeur
d'une tempête à l'aspect d'une matinée pa-
cifique. On se rapprochoit sans se connoître,
on s'embrassoit sans se nommer ; les banquets publics, servis dans les rues, réunis-
soient le riche au pauvre, l'aristocrate au
jacobin, et cette cohue énorme fut sans
confusion, sans dispute, sans accident. Le
repos étoit une nécessité si universelle ! Les
uns avoient si grande hâte de jouir sans
trouble de ce qu'ils avoient acquis ; les autres étoient si fatigués de douleurs et si al-
térés de consolations, le peuple si las d'é-
motions qui ne sont pas faites pour sa simple
et saine intelligence ! — Enfin le cortége arriva. C'étoit la première fois qu'on voyoit
les membres de la Convention astreints à
un costume uniforme, et cette particularité,

propre à la monarchie et aux gouvernements aristocratiques, pouvoit passer pour une espèce de révélation. Léonard Bourdon avoit presque de la tournure, et Armonville lui-même ne manquoit pas d'une sorte de dignité. L'habit de cérémonie des conventionnels faisant la Fête-Dieu par l'ordre de Robespierre, étoit bleu-barbeau, noué de la ceinture tricolore. Leurs sabres, leurs chapeaux, leurs rubans, leurs panaches, la majesté affectée de leur marche processionnelle, ce mélange d'hiérophantisme et de patriciat sauvages, ces cris d'un peuple émerveillé, à qui l'on vient de rendre Dieu par décret, il faut avoir vu tout cela pour le croire, et pour comprendre que tout cela étoit très-beau. Chaque député tenoit un bouquet de fleurs. Robespierre portoit seul un habit bleu foncé. Il avoit un bouquet sur le cœur et un bouquet énorme à la main. Il lui étoit trop difficile de donner à sa morne physionomie

l'expression du sourire, qui n'a peut-être
jamais effleuré ses lèvres; mais je me souviens qu'il tenoit levés avec fierté sa tête
blême et son front lisse, et que son œil,
ordinairement voilé, exprimoit quelque
tendresse et quelque enthousiasme. Ce sont
ces qualités qu'on lui conteste, même comme
orateur, et dont j'ai dit qu'il restoit des traces
dans ses discours, surtout depuis l'époque
dont je parle, et où il avoit nécessairement
compris la nécessité de rattacher la France
révolutionnaire à la société européenne.
Celui du 20 prairial est si connu, qu'il seroit superflu d'en rapporter quelques fragments. C'est le seul qu'on ait jamais cité;
mais il y a de beaux mouvements dans les
autres, des sentiments qui n'avoient jamais
été rendus avec cet air d'énergie et de nouveauté, et dont le développement ne manque pas, je pense, de ce mérite du style
que notre délicatesse françoise fait passer

avant toutes les autres puissances de la parole.

Voyez, par exemple, ce discours du 7 prairial, où il convoque la France aux pieds de l'Éternel auteur des choses, et où il supplie la République de rappeler parmi les mortels la liberté et la justice EXILÉES. Il comprend cependant qu'il reste une ressource aux ennemis de la vérité, *l'assassinat!* Et voilà ce mot qui se prolonge comme un refrain solennel à travers de magnifiques périodes à la manière d'Isnard et de Vergniaud : « Hé bien! ajoute-t-il, si vous voulez étouffer » les factions, elles vous assassineront! J'en » conviens; et nous n'avons pas fait entrer » dans nos calculs l'avantage de vivre lon- » guement. Ce n'est point pour vieillir que » l'on déclare la guerre à tous les tyrans, » et, ce qui est bien plus dangereux encore, » à tous les crimes. Quel homme sur la terre

» a jamais défendu impunément les droits
» de l'humanité?... Je trouve, au reste, pour
» mon compte, que la situation où les en-
» nemis de la République m'ont placé, n'est
» pas sans avantage; plus la vie des dé-
» fenseurs de la liberté est incertaine et
» précaire, plus ils sont indépendans de la
» méchanceté des hommes. Entouré de leurs
» complots et de leurs assassins, je vis d'a-
» vance dans le nouvel ordre de choses où
» ils veulent m'envoyer; je ne tiens plus à
» mon existence passagère que par l'amour
» de la patrie et par la soif de la justice.
» Plus ils sont empressés de terminer ma
» carrière ici-bas, plus je sens le besoin de
» la remplir d'actions utiles au bonheur de
» mes semblables, et de laisser au moins
» au genre humain un testament dont la
» lecture fera pâlir les tyrans. » Il faut avouer
que nous aurions peu d'objections contre
une pareille éloquence, si elle étoit scellée

du timbre de l'antiquité, et honorée de
l'approbation banale des rhéteurs. Ce que
j'y remarque surtout, c'est ce sentiment de
courageuse tristesse et de prévision tragique qui me paroît l'expression tout entière
de l'époque, et dont je trouve cependant
peu d'autres exemples dans les orateurs révolutionnaires.

Les esprits absolus qui ne veulent rien
accorder à Robespierre ont été obligés de
recourir à la supposition commune et commode d'un *faiseur* obligeant qui fournissoit
à ses travaux oratoires, et sans doute à ses
improvisations, le fruit de quelques veilles
éloquentes dont il n'a jamais trahi le secret.
Robespierre avoit pour secrétaire, à l'époque
de sa mort, un jeune homme nommé Duplay, fils de son hôte le menuisier, et dont
on prétend qu'il avoit secrètement épousé
la sœur. On l'appeloit Duplay le boiteux,

parce qu'il avoit été grièvement blessé à Valmy, dans une des premières journées militaires de la révolution. C'étoit un de ces esprits jeunes et fervents, en qui la fermentation des idées nouvelles avoit hâté le développement de quelques facultés que toute autre époque auroit laissées stériles et méconnues; mais rien n'a prouvé dans le reste de sa vie, et il a survécu de beaucoup à Robespierre, que la nature l'eût doué à un degré remarquable du talent de parler et d'écrire (1). C'est d'ailleurs sur des lambeaux écrits en entier de la main de Robespierre,

(1) J'ai fait quelque part une mention moins avantageuse de Duplay, mais on m'a démontré que j'étois trompé par une confusion de noms, et rien ne me coûte moins que de me rétracter, quand je me trompe. C'est, au reste, sur des événements dont tous mes contemporains sont, autant que moi, les témoins et les juges, la seule inexactitude de faits qui m'ait été reprochée.

et qui avoient toute la soudaineté, tout l'abandon, tout le désordre même d'une composition hâtive, qu'a été imprimé le fameux discours du 8 thermidor, qui précéda la catastrophe de moins de vingt-quatre heures, et ce discours est certainement ce que Robespierre a laissé de plus remarquable. Il est surtout vraiment monumental, vraiment digne de l'histoire, en ce point qu'il révèle, d'une manière éclatante, les projets d'amnistie et les théories libérales et humaines qui devoient faire la base du gouvernement à venir, sous l'influence modératrice de Robespierre, si la terreur n'avoit triomphé le 9 thermidor, et qui triomphèrent à leur tour, malgré ce sanglant coup d'État, parce que la nation, fatiguée d'oppression et de massacres, ne comprenoit plus de coup d'État qui ne dût être le signal de son affranchissement.

« Je ne connois que deux partis, » dit

Robespierre, et il n'est pas inutile de rappeler aux lecteurs prévenus que c'est lui
qui parle ainsi; « je ne connois que deux
» partis, celui des bons et celui des mauvais
» citoyens..... Le cœur flétri par l'expérience
» de tant de trahisons, je crois à la néces-
» sité d'appeler la probité et tous les senti-
» ments généreux au secours de la Répu-
» blique. Je sens que partout où se rencontre
» un homme de bien, en quelque lieu qu'il
» soit assis, il faut lui tendre la main, et le
» serrer contre son cœur. Je crois à des cir-
» constances fatales qui n'ont rien de com-
» mun avec les desseins criminels; je crois
» à la détestable influence de l'intrigue, et
» surtout à la puissance sinistre de la ca-
» lomnie..... Ce sont les méchants seulement
» qu'il faut punir des crimes et des malheurs
» du monde..... Ceux qui nous font la guerre
» ne sont-ils pas les apôtres de l'athéisme et
» de l'immoralité ?..... Que m'importe qu'ils

» poursuivent l'aristocratie, s'ils assassinent
» la vertu? »

Je continue à copier, et je m'y crois autorisé; le dernier discours de Robespierre
est devenu si rare, qu'il peut passer pour
inédit. « On veut, s'écrie-t-il, m'arracher la
» vie avec le droit de défendre le peuple!
» Oh! je leur abandonnerai ma vie sans
» regret. J'ai l'expérience du passé, je vois
» l'avenir! Quel ami de la patrie peut sur-
» vivre au moment où il n'est plus permis
» de la servir et de défendre l'innocence
» opprimée?..... Comment supporter le sup-
» plice de voir cette horrible succession de
» traîtres, plus ou moins habiles à cacher
» leurs âmes hideuses sous le voile de la
» vertu ou sous celui de l'amitié, et qui
» laisseront à la postérité l'embarras de dé-
» cider lequel des persécuteurs de mon pays
» fut le plus lâche et le plus atroce?..... En

» voyant la multitude des crimes que le
» torrent de la révolution a roulés pêle-mêle
» avec les vertus civiques, j'ai craint quel-
» quefois, je l'avoue, d'être souillé aux yeux
» de l'avenir par le voisinage impur de tant
» de pervers, et je m'applaudis de voir la
» fureur des Verrès et des Catilina de mon
» pays tracer une profonde ligne de démar-
» cation entre eux et les gens de bien. J'ai
» vu dans toutes les histoires les défenseurs
» de la liberté accablés par la calomnie,
» égorgés par les factions; mais leurs op-
» presseurs sont morts aussi. Les bons et
» les méchants disparoissent de la terre, mais
» à des conditions différentes..... Non, Chau-
» mette, non, la mort n'est pas un sommeil
» éternel. La mort est le commencement de
» l'immortalité. »

Les probabilités de la haute fortune politique de Robespierre étoient changées. Il

devoit se défendre, le 8 thermidor, de ce
plan, vrai ou faux, de dictature réparatrice
qu'il auroit trouvé, six semaines auparavant,
trop facile à exécuter. Sa réponse à cette
accusation est un de ces modèles d'ironie
spirituelle dont on citeroit à peine l'équi-
valent dans les meilleurs discours de Mirabeau. Il n'y a rien nulle part de plus
ingénieux, de plus fin et de plus noble à
la fois. « Quel terrible usage les ennemis de
» la République ont fait, dit-il, du seul nom
» d'une magistrature romaine! Et si leur
» érudition nous est si fatale, que n'avons-
» nous pas à redouter de leurs intrigues et
» de leurs trésors! Je ne parle pas de leurs
» armées. Mais qu'il me soit permis de ren-
» voyer au duc d'Yorck et à ses écrivains
» royaux les patentes de cette dignité ridi-
» cule qu'ils m'ont expédiées les premiers.
» Il y a trop d'insolence à des rois qui ne
» sont pas sûrs de conserver leurs couronnes,

» de s'arroger le droit d'en distribuer si lar-
» gement. » Ce trait sublime : *Je ne parle
pas de leurs armées*, est de la hauteur de
Nicomède et de Corneille.

Le chant du cygne de Robespierre, ce
long codicile *in articulo mortis*, ne manque
pas, comme on voit, de beautés de style et
de beautés de sentiment ; mais il est vague
et mal ordonné, ce qui ne prouve rien à la
vérité contre la logique de l'orateur, car on
s'aperçoit qu'il a été composé d'un jet, et
qu'il n'a pu être revu. C'est un plaidoyer
improvisé en face de l'échafaud, et qui
n'offre, au total, que la paraphrase diffuse,
mais éloquente, d'une seule pensée. « Eh
» quoi!..... je n'aurois passé sur la terre que
» pour y laisser le nom d'un tyran!..... un
» tyran!..... Si je l'étois, ils ramperoient à
» mes pieds, je les gorgerois d'or, je leur
» assurerois le droit de commettre tous les

» crimes, et ils seroient reconnaissants!......
» Qui suis-je, moi que l'on accuse? un es-
» clave de la liberté, un martyr vivant de
» la République, la victime encore plus que
» le fléau du crime..... Otez-moi ma con-
» science........ je suis le plus malheureux de
» tous les hommes. »

Ces citations sont choisies dans les meil-
leures pages de Robespierre. Elles donnent
sa mesure la plus large comme personnage
politique et comme écrivain. Aussi la seule
induction que je prétende en tirer, je le répète, c'est que Robespierre n'étoit pas tout-
à-fait si nul qu'on l'a fait au gré des thermidoriens, et que la tribune a souvent retenti
depuis d'accents moins imposants et de périodes moins sonores. Mais, encore une fois,
il n'a jamais figuré qu'au second rang parmi
les orateurs de la Montagne. Jusqu'au mois
d'avril 1794, il y fut dominé de très-haut

par l'ascendant de Danton, l'homme à la voix stentorée, aux improvisations jaculatoires, aux idées abruptes, aux images fortement colorées, espèce de tribun voluptueux, dans lequel il y avoit l'étoffe d'Aristippe et de Démosthènes. Depuis la mise en accusation de Danton, la première place appartient à Saint-Just, écolier aventureux, qui étoit sorti tout formé du moule d'une révolution; type unique chez les modernes du Spartiate de Lycurgue et du légiste de Dracon; âme stoïque et inflexible que la nature n'avoit peut-être pas fait cruelle, mais qui ne répugnoit pas à la rigueur et même à la cruauté, quand il s'agissoit d'attester son impassibilité par quelque résolution féroce; l'homme le plus puissamment organisé de cette partie de l'assemblée, et qui, séide fidèle et sincère de Robespierre, dont l'intègre et incorruptible austérité l'avoit soumis, s'exerçoit dans une carrière plus forte à la vocation de Mahomet.

Pour ne plus revenir sur cette question, dont je ne me dissimule pas l'étrangeté; pour me justifier de cette justification tout-à-fait relative d'un homme qu'on ne peut défendre de tout sans démence; pour en finir avec la polémique excitée par cette hypothèse que j'ai hasardée le premier, et qui ne pouvoit pas, à la vérité, être admise sans contestation, il suffit de reporter l'attention du lecteur sur la statistique et la physionomie morale de la Convention au 9 thermidor. Si la tyrannie méthodique, si la terreur organisée en système avoient un siége quelque part, c'étoit dans ces comités de gouvernement, depuis long-temps déjà désertés par Robespierre. L'attaque partit du sommet de la Montagne, et des hommes les plus aveuglément dévoués aux excès furieux de la démocratie en délire : de Billaud-Va-

rennes, le lion des jacobins; du farouche
Collot d'Herbois, le plus cruel de leurs proconsuls; d'Amar, de Vadier, de Voulland,
de Legendre, de Fréron, ligue de furieux
ou de malades, qui sauva la patrie sans le
vouloir, et dont le seul but étoit d'exploiter
la révolution au profit de la dévastation et
de la mort. Tels étoient les chefs de cet
exécrable parti des thermidoriens, qui n'ar-
rachoit la France à Robespierre que pour la
donner au bourreau, et qui, trompé dans
ses sanguinaires espérances, a fini par la jeter à la tête d'un officier téméraire; de cette
faction à jamais odieuse devant l'histoire,
qui a tué la République au cœur dans la
personne de ses derniers défenseurs, pour
se saisir sans partage du droit de décimer
le peuple, et qui n'a pas même eu la force
de profiter de ses crimes. Robespierre la
connoissoit si bien, qu'il dédaigna de lui
adresser la parole, et que, se tournant vers

une autre partie de l'assemblée, pure, mais mobile et méticuleuse, qui renfermoit beaucoup de vertus privées et peu de forces politiques, il implora de cette majorité flottante l'appui des honnêtes gens. Elle ne répondit pas. Brutus, plus expert que Robespierre dans la science des révolutions, ne seroit point tombé dans cette erreur. Il n'attendit rien de la vertu aux champs de Philippes; il la nia, et livra son cœur au poignard amical de Straton. L'histoire montre partout quelle espèce de secours il y a lieu d'attendre des honnêtes gens dans les circonstances extrêmes comme celle-ci, où il ne s'agissoit de rien moins que du triomphe de la tyrannie des comités sur la cause de l'humanité et de la justice. Un chef de parti qui n'a plus de ressources que dans le dévouement et l'énergie de ce qu'on appelle les honnêtes gens, doit s'envelopper de son manteau et se brûler la cervelle.

Les Émigrés

EN 1799.

Il faut vous dire que depuis la chute des assignats, le Directoire avoit senti plus d'une fois la nécessité de mettre une grande masse de métaux en circulation. Comme il touchoit à sa fin, et que les vieilles gens croient tout ce qu'on leur dit, le Directoire qui s'étoit laissé dire que la France étoit extraordinairement riche en mines d'argent, dépêcha sur toutes les anciennes mines du pays des escouades d'explorateurs grassement payés, et qui, bon gré malgré, n'ont jamais envoyé une obole à la Monnoie. Je me trouvai colloqué dans l'expédition des Vosges, où l'on cherche de l'argent de temps immémorial, et dont les *ballons*, coupés de routes splendides, attestent d'immenses et inutiles travaux.

Nous étions tous jeunes, tous gens de bonne humeur et d'espérance, tous amis de notre devoir et impatients de découvertes. Nos travaux furent zélés et consciencieux, et long-temps même ils ne furent pas sans espoir. Je me souviens qu'il n'y avoit pas un de nous qui, au premier coup de marteau, n'eût découvert un filon; mais ce filon ne menoit malheureusement à rien, et les moindres frais d'exploitation excédoient toujours d'un grand tiers les plus brillants résultats. C'étoit une succession d'extases et de désappointements pour lesquels je n'avois point alors de termes de comparaison.

Je me suis aperçu depuis que cela ressembloit à la vie comme deux gouttes d'eau.

Nous arrivâmes au terme des fausses ambitions, au découragement absolu. Il falloit alors épargner à l'État une dépense ridicule; mais cette défection désintéressée ne pouvoit s'appuyer que sur des calculs exprimés avec clarté. Je n'avois pas dix-huit ans, et toute ma science se réduisoit à quelques bribes de latin, et à la connoissance fort mal approfondie de quelques spécialités d'histoire naturelle, parmi lesquelles la minéralogie tenoit une toute petite place. Mes camarades, qui auroient distingué à la cassure, à l'odeur exhalée par friction, au contact de l'ongle, au happement de la langue, toutes les substances inorganiques alors reconnues en géologie, s'étoient aperçus de bonne heure de mon inaptitude; mais ils ne me contestoient pas un assez joli mérite de rédaction que je rapportois fraîchement d'une école de rhétorique dirigée par le bon et judicieux Droz; et il est vrai que je traduisois lisiblement leurs pages un peu confuses, quand je parvenois à y comprendre quelque chose. Il fut donc convenu que je résiderois à poste fixe dans un lieu central où me parviendroient tous les documens, et d'où je ferois partir toutes les dépêches. Les employés se répartirent sur les mines; le chef se réfugia, comme c'est l'usage, dans les délices urbaines d'Epinal, et mon poste fut fixé à Giromagny, près du ballon de ce nom, dont les trésors, trop vite abandonnés peut-être, étoient le principal objet de nos investigations. Par un élan de dévouement tout particulier, qui me fut avantageusement pointé sur mes notes de service, je me reportai d'une grande lieue de rayon vers le centre, dans un village qu'on appelle le *Puy*, parce qu'il est exactement à la base de la montagne ou du *Podium*; mais ce n'étoit ni cet avantage de position, ni cette heureuse rencontre d'étymologie qui m'avoient déterminé dans le choix de mon domicile; je le pense du moins aujourd'hui, car alors je savois à peine ce que c'étoit.

Vous tous, qui avez voyagé en tout pays, et qui n'avez pas vu la gorge romantique du *Puy*, il vous reste un voyage essentiel à faire, et ne craignez pas que j'anticipe sur les sensations délicieuses qu'il vous promet par une de ces descriptions postiches, qui, au bout du compte, ne peignent rien. En effet, je n'ai jamais senti plus profondément l'impossibilité de peindre. Quand vous serez arrivés de Giromagny au pied du ballon, à travers cette route étroite, et cependant moins opaque d'horizon que d'ombre et de fraîcheur, comme dit le poète latin, qui

aboutit toujours à cette coupole si pure,
qu'on croiroit son hémisphère élégant
émondé par le ciseau, ou, selon les aspects
du soleil, bruni par le polisseur; quand
vous aurez franchi ce dédale d'arbustes en
fleurs, jetés au travers d'un lac de verdure
fraîche, soyeuse, émaillée, égayée par un
ruisseau dont les reflets d'argent rient en
bondissant jusqu'à la hauteur de la pelouse
qui le cherche...— Hélas! description, que
me veux-tu?— Vous tous, disois-je, qui
avez voyagé en tout pays, et qui n'avez pas
vu la gorge romantique du *Puy*, quand vous
serez arrivés de Giromagny au pied du ballon, vous conviendrez qu'il vous restoit à
voir plus que vous n'aviez vu. Mais il auroit
mieux valu y aller en 1799. Ce qui m'inspi-
roit pour le Puy, à moi, une prédilection si
marquée, c'étoit l'impression toute récente
d'une promenade que j'y avois faite quelques mois auparavant, dans la ferveur de

mes recherches entomologiques, à la pour-
suite de deux magnifiques insectes vosgiens,
la *lamia edilis* et la *lamia Schaefferi*, et
dont je n'avois rapporté qu'une amourette,
mais une amourette qui avoit bien son prix,
car c'étoit la première. Cette émotion inef-
fable d'un cœur adolescent a depuis influé
sur ma vocation littéraire, et peut-être sur
les autres. Elle m'a fourni les principaux détails de deux de mes *Nouvelles*, dont vous ne
vous souciez guère, ni moi non plus. Jeune,
je goûtois le plaisir le plus vif à ramener
partout le roman de mon histoire; vieux,
je m'amuse encore à retrouver dans mes
souvenirs l'histoire de mon roman.

J'avois obtenu un logement au Puy chez
l'honnête M. Christ, patriote ardent et sincère, qui figuroit depuis dix ans, selon les
intermittences favorables à son opinion,
dans les fonctions municipales les plus émi-

nentes de l'endroit, et qui y étoit rentré au
grand déplaisir des aristocrates depuis le
18 fructidor. C'étoit un homme à vues
droites, mais absolues, qui traçoit une idée
politique comme un bœuf trace un sillon,
et qui marchoit hardiment dans ses principes avec l'intrépidité du colin-maillard;
à droite, à gauche, au milieu, n'importe,
et le tout en conscience. J'en ai vu dix mille
comme cela. Il avoit trois maisons au Puy,
et il m'établit dans la maison la plus éloi-
gnée de celle où il habitoit, parce qu'il avoit
autant de filles que de maisons, et que
ses filles étoient très-jolies. Je le savois fort
bien, et toutefois il n'y en avoit qu'une
qui produisît sur moi ces agitations boule-
versantes qu'on sent mieux à dix-huit ans
qu'on ne peut les exprimer à quarante-cinq.
Comme ce prestige opiniâtre et délicieux
désordonnoit mes facultés d'une manière
assez préjudiciable à mon service, j'aurois

eu lieu de m'applaudir d'être placé le plus loin possible du sujet habituel de mes distractions, si la pensée ne m'en avoit suivi partout.

Ma petite chambre au rez-de-chaussée, que je décrirai volontiers pour me dédommager de n'avoir pas décrit à mon aise le vallon élyséen du Puy, étoit un parallélogramme étroit, horizontal à la cour, et clos en devant de sa porte vitrée et de sa large croisée à petits carreaux à losanges, comme c'est l'usage en Alsace. Au-dessous de cette croisée régnoit une immense table de bois de frêne peinte au noir de fumée, sur laquelle j'étalois mes documens et mes copies. Le fond de ma loge étoit une alcôve à portes de bois bien fermantes, dont une des extrémités communiquoit en dedans avec une espèce de cabinet de toilette, et l'autre avec un priedieu. Si jamais on transporte ma chambre sur la scène, dans une de ces compositions à la mode dont tout le monde peut devenir le héros à son tour, je supplie le décorateur de ne pas oublier que son intérieur étoit à demi tapissé d'un papier gris de perles, fort boursouflé et fort poudreux, zébré de larges bandes bleu de roi, escortées de petites bandes bleues jumelles. On ne sauroit être assez ponctuel dans des matières de cette importance.

Je me levois ordinairement à six heures du matin (c'étoit à la fin de mai) pour mettre au net je ne sais combien de belles observations dont l'Institut ne se soucioit guère, et dont le Directoire ne se soucioit plus. A sept heures on m'envoyoit ma boîte de crême du ballon, tantôt par un domestique, tantôt par une des filles aînées du père Christ, et alors je travaillois jusqu'à midi; quelquefois par Thérèse, qui étoit la cadette, et alors je ne travaillois plus. A midi je dînois chez le père Christ, et les femmes n'assistoient point à ce repas. Heureusement il étoit très-court. Je rentrois chez moi ; je reprenois Saussure, et Bergmann, et Wallerius, et mes manuscrits, et je copiois, j'analysois, je compilois le reste du jour, non sans voir quelquefois étinceler sous ma plume des traits brillants comme un regard, et dont le jeu éblouissant étoit bien plus difficile à définir que les iris capricieux de mes métaux. Inutilement je les voulois chasser de la pensée et du geste ; ils revenoient toujours, et glissoient toujours sur mon papier en sillons de feu. Cela m'arrivoit surtout quand Thérèse étoit venue le matin, et qu'elle avoit appuyé sa main sur mes livres, ou renversé en jouant ma poudre d'or dans mon encre. Si mon éducation philosophique n'avoit pas été faite, j'aurois cru que cette jeune fille étoit magicienne ; mais je ne croyois pas à la magie, et c'est tout ce que ma philosophie m'avoit fait apprendre ou tout ce qu'elle m'avoit fait oublier.

J'avois deux ans de moins que Thérèse. Elle étoit vive et cependant réfléchie. A travers sa mobilité même, on voyoit apparoitre quelque chose de sérieux et de puissant. Il y avoit en elle de quoi faire une femme ravissante et un homme résolu. Enfin, ce regard qui me fascinoit, manifestoit souvent d'ailleurs une pensée empreinte de tristesse et de fatalité, rapide, fugitive, inexplicable, et promptement éclaircie par un rayon de gaîté, mais qui ne pouvoit pas échapper aux miens, car je la regardois toujours. Moi, je n'étois qu'amoureux et timide; et la disproportion relative de notre âge, que la différence de sexe rendoit assez considérable, lui donnoit sur moi un étrange ascendant. Nous nous aimions beaucoup, nous nous aimions sincèrement, mais elle avoit sur moi l'avantage de savoir comment, et je ne m'en doutois pas du tout. Aussi elle me tutoyoit sans façon, usage que les habitudes républicaines de la maison de son père, la simplicité des mœurs du pays, le souvenir surtout de m'avoir vu plus jeune, ou, si l'on veut, plus enfant, lui rendoit naturel et facile; et quand elle ne me tutoyoit pas, je pensois qu'elle étoit fâchée. Je la tutoyois de mon côté, mais plus rarement, et avec moins de confiance, parce qu'elle m'imposoit tellement quand elle étoit là, que sa présence si désirée, sa présence, qui le croiroit! m'en paroissoit quelquefois importune. Un matin qu'en jouant derrière ma chaise, et en laissant flotter à dessein sur mes yeux les longues boucles de ses cheveux d'un blond doré, elle avoit noué à plusieurs tours, entre ses doigts, un ruban de velours noir passé autour de mon cou.....

« Qu'est-ce que cela, Monsieur? me dit-elle avec le ton de voix le plus sévère qu'elle eût jamais pris, « auriez-vous déjà, » jeune comme vous êtes, des souvenirs » d'amour? Est-ce un gage? est-ce un por- » trait?.....

— Non, lui répondis-je en tirant de mon sein une petite croix d'acier qui y étoit sus- pendue, c'est une croix bénie à la châsse » saint Claude, et que ma tante Éléonore, la » bénédictine, m'a donnée à mon départ, » en m'assurant qu'elle me préserveroit de » tout danger.

—De tout danger! reprit Thérèse en re- levant sa tête et en la laissant retomber sur ses mains. « De tout danger!... et quel dan- » ger peux-tu craindre, toi, pauvre et doux

» jeune homme que personne n'aura jamais
» le courage de haïr? De tout danger! le
» crois-tu ?... M'aimes-tu, Charles? m'aimes-
» tu? Donne-moi cette croix.

— Elle est à toi! m'écriai - je à ses ge-
» noux..., et, à compter d'aujourd'hui, quel
» danger ne puis-je pas braver! Elle est à
» toi, ma croix d'acier, comme moi, comme
» mon cœur, comme ma vie!... Prends ta
» croix de fiancée!...»

Thérèse comprit alors pour la première
fois sans doute que je m'étois trompé sur
les sentiments qu'il m'étoit possible d'attendre d'elle. Cette impression même dut sus-
pendre quelque temps le cours de ses idées,
car elle me fit attendre sa réponse, l'essaya,
l'interrompit, et l'articula enfin d'une voix
altérée :

« Votre fiancée! mon ami..... Comment

» pourrois-je l'être ? puisque je suis ma-
» riée.....»

Je n'ai pas besoin de dire que la foudre
seroit tombée à mes côtés sans m'étonner,
sans me consterner davantage. C'est une
phrase jetée en moule, et si infaillible en
pareille circonstance qu'il n'y a pas un lecteur qui ne la supplée lorsque l'écrivain
l'oublie.

« Mariée ! depuis quand ?

— Depuis six mois.

— Secrètement ?

— Il le falloit.

— A l'insu de votre père ? »

En prononçant ces dernières paroles qui
contenoient moins une question qu'un reproche, et qui me donnoient sur elle une
autorité dont le triste besoin de venger

mon cœur me faisoit goûter amèrement l'avantage, je relevai mes yeux jusqu'à Thérèse qui étoit restée debout, et qui baissa les siens.

« Il le falloit », répéta-t-elle avec une émotion plus sérieuse, et qui avoit déjà changé d'objet. « Mon père est patriote, et mon » mari est émigré.

— » Emigré ! et marié depuis six mois ! » Mon Dieu ! le malheureux est-il au moins » bien caché ? Dites - moi qu'il n'a rien à » craindre !

— » Il est depuis six mois sous la protec- » tion du ciel, et depuis un moment sous » celle d'une croix d'acier que vous a don- » née votre tante, et qui a été bénite à la » châsse de saint Claude.

— Cette croix d'acier, en effet, Thé- » rèse !... Il faut bien que je compte sur sa

» puissance, puisque c'est du moment où
» elle a cessé de battre sur ma poitrine que
» tout mon bonheur a fini. Puisse-t-elle le
» préserver de ses ennemis, et les malheurs
» qui l'attendoient ne tomber que sur
» moi !... »

Je me connoissois à peine...; je sentois à peine la main de Thérèse qui pressoit ma main, ses larmes qui l'arrosoient abondamment. Quand je fus entièrement remis, elle étoit sortie.

Oh ! que j'aurois voulu n'être jamais venu au Puy ! que j'aurois voulu surtout n'y être jamais revenu !

Par bonheur notre mission tiroit à sa fin. Trois jours ne se passèrent pas que je ne reçusse l'ordre de mon départ, et j'étois si pressé de partir que rien ne me coûtoit pour en avancer le moment. J'avois pour mon

travail l'infatigable main, la main diurne,
la main nocturne du poëte, et la veille de
ce jour alors aussi impatiemment attendu
qu'il auroit été redouté quelques jours auparavant, deux heures après minuit me
surprenoient à ma besogne, quand un cri
aigu se fit entendre à ma porte, qui retentit
au même instant sous deux ou trois coups
brusquement répétés. Je l'ouvris, et je vis
Thérèse éperdue se précipiter dans ma
chambre les cheveux épars, les traits ren-
versés, les pieds nus, le corps à demi vêtu
d'un manteau en désordre. Tout ce que je
pus remarquer c'est que c'étoit celui d'un
homme. Mon alcôve étoit ouverte ; elle s'y
précipita, et en retira la porte sur elle en
me criant : « Sauvez - moi ! » — Un frisson
me saisit, me glaça tous les membres.
Je ne comprenois ni le danger de Thérèse, ni ma position avec elle au milieu de
cette nuit de terreur dont un orage affreux

augmentoit encore les épouvantes. La grêle
bondissoit sur mes vitres ou s'assourdissoit
sur leurs plombs; la foudre grondoit avec
un bruit capable de réveiller les morts; des
éclairs si multipliés qu'on en distinguoit à
peine les intervalles jetoient sur tous les
objets extérieurs une espèce de transparent
enflammé. Ma première pensée fut que la
maison du père Christ venoit d'être incen-
diée par le tonnerre. Tout cela dura si peu
que je n'eus pas le temps de former une
autre conjecture. Ma porte se rouvrit.
Cette fois-là je n'en avois pas tourné la clef.
C'étoient six hommes armés de fourches et
de vieilles lames de sabres, qui m'entourèrent presque avant que je les eusse aperçus.
— « Où est le feu? m'écriai-je. — Où est
» l'émigré? » répliquèrent-ils. Je devinai.

Le chef de ces perquisiteurs intrépides
m'étoit, de fortune, fort particulièrement

connu. C'étoit un ancien militaire nommé
Jean Leblanc, qui cumuloit depuis quelques années les importantes fonctions de
garde de nuit, de crieur public, de sergent
de la garde nationale, et qui y réunissoit
l'avantage d'être le maître Jacques du père
Christ et le factotum de la mairie. Comme
les honneurs appellent les honneurs, il
m'avoit servi de piqueur ou de surveillant
des pionniers dans le petit nombre d'opérations locales que je m'étois réservé, et j'exer-
çois sur lui cette espèce d'ascendant que le
peuple accorde volontiers à un certain vernis d'instruction qui n'est pas trop gâté par
une sotte suffisance.

« Que diable viens - tu me conter d'émi-
» grés, lui dis-je, et où les cherches-tu ? Il
» faut, pour oser te permettre chez moi une
» pareille algarade à cette heure de la nuit,
» et pour courir les rues par l'abominable

» temps qu'il fait, que tu aies au moins tri-
» plé ton énorme ration de kirsch de Fau-
» cogney. Laisse-moi travailler, au nom de
» Dieu, car je n'ai pas de temps à perdre
» avec des fous. »

—Je ne suis ni fou, ni ivre, mon officier,
répondit Jean Leblanc, en secouant la tête;
« un émigré étoit caché dans une maison
» voisine, c'est de notoriété publique. Nous
» l'avons débusqué il n'y a pas dix minutes,
» et mes camarades n'ont perdu sa trace
» qu'à quelques pas de votre porte. »

— As-tu réfléchi, repris-je en appuyant
fortement ma main sur son épaule, « que le
» même chemin conduit à la tienne, et que le
» lit de Suzanne Leblanc, l'aimable et hono-
» rée femme d'un homme de ta connoissance,
» qui ne rentre jamais chez lui qu'au lever
» du soleil, est un asile plus sûr pour un
» émigré qui se cache que le cabinet d'un

» commissaire extraordinaire du Directoire
» exécutif? »

A ces mots, toute la bande partit d'un
bruyant éclat de rire, Jean Leblanc ex-
cepté.

« D'ailleurs, continua-t-il d'un ton un peu
boudeur, mais en évitant de me répondre
directement, et comme s'il ne m'avoit pas
entendu; « d'ailleurs ces lumières que je
» n'ai jamais remarquées chez vous à une
» heure aussi indue prouvent assez qu'il
» s'y passe quelque chose, et que nous n'y
» sommes pas venus sans raison.
— Elles prouvent, ami Jean Leblanc,
» que vous raisonnez comme un étourdi.
» Quand on veut cacher quelqu'un chez soi,
» on n'allume pas ses chandelles ; on les
» éteint. »

Ici les éclats de rire redoublèrent, et je

me crus délivré. L'escouade inquisitoriale
avoit déjà passé la porte, quand un de mes
braves s'avisa de dire : « Pourquoi n'avons-
» nous pas visité l'alcôve? » Ils rentrèrent.
« L'alcôve! l'alcôve! cria Jean Leblanc.

—» Quoique vous manquiez assez insolem-
» ment aux règles de la subordination, Jean
» Leblanc, et surtout aux lois du pays, qui
» vous défendent d'entrer de nuit dans mon
» domicile, pour que je me croie autorisé
» à vous brûler la cervelle (en ce moment,
je me saisis de mes deux pistolets), » je
» veux bien vous donner satisfaction pour
» mon alcôve. Il y a quelqu'un dans mon
» lit. — Ah! ah! s'écria la troupe, nous y
» voilà! »

Je m'appuyai contre l'alcôve, mes pistolets tournés sur les assaillans. — « Il y a
» quelqu'un dans mon lit; il y a une femme,
» dont le nom et la vue sont interdits à qui-

» conque de vous n'est pas pressé de mou-
» rir à l'heure même. Cependant, pour
» complaire, de tout mon pouvoir, à l'ar-
» deur patriotique de Jean Leblanc, je lui
» permets d'entrer ici avec moi, et de re-
» connoître aux cheveux et à la main le
» sexe du prétendu émigré que je dérobe à
» vos poursuites. Si quelqu'un ose l'y sui-
» vre, je le tue. — Il n'en faut pas davan-
» tage, reprit Jean Leblanc intimidé, qui
ne désiroit guère moins que moi de voir
son expédition mise à fin. — Citoyens,
» restez en dehors.

— » Couvre-toi de ton fichu et de tes
» cheveux, dis-je en ouvrant l'alcôve, et
» montre ton bras nu à ce héros... Regarde,
» Jean Leblanc! est-ce là un émigré?

— » Bonté du ciel! reprit-il en riant à son
» tour à gorge déployée, plût à Dieu qu'ils
» fussent tous comme celui-ci, les damnés

» d'aristocrates et de chouans ! la paix seroit
» bientôt faite, au moins de mon côté. Mais
» n'êtes-vous pas, mon officier, un fier hy-
» pocrite, à votre âge, de débaucher ainsi
» la fleur de nos belles, sans avoir l'air d'y
» toucher? On ne m'y tromperoit mordieu
» pas, continua-t-il à mon oreille. C'est cette
» pauvre Jeannette du chemin des Paluds
» que vous avez endoctrinée de vos fines
» paroles et de vos tons sournois. Je donne-
» rois ma tête à couper que c'est Jeannette
» la blonde, car il n'y a pas à dix lieues au-
» tour du Puy, femme qui ait le bras si dé-
» licat et d'aussi beaux cheveux, si ce n'est
» mademoiselle Christ!...» A cette réticence,
dont la témérité l'épouvantoit lui-même, il
se mordit le doigt.

« Paix, Jean Leblanc! gardez pour vous
» vos impertinentes conjectures, et allez
» vous assurer, si vous m'en croyez, que

» l'alcôve de Suzanne ne vous réserve pas
» quelque découverte plus importante! »

Je pensai qu'il m'étoit enfin permis de
respirer. Ils étoient décidément partis, je
mis les verroux. Tout pénible cependant que
m'eût paru le cruel embarras auquel je
venois d'échapper, je ne sais si le premier
moment qui le suivoit ne me parut pas plus
intolérable encore. On conviendra qu'il y
avoit dans ce concours de circonstances
qui donnoit mon lit pour seul refuge à Thérèse, à deux heures d'une nuit si chargée
d'émotions et de terreurs de tout genre que
chaque minute sembloit nous isoler davantage du reste du monde, plus de sujets de
trouble et de saisissement qu'il n'en falloit
pour renverser la tête d'un amoureux de
dix-huit ans. Mon sein palpitoit avec une
telle violence, que je doute qu'il me fût
possible, aujourd'hui même où les impressions de cet âge passionné disparoissent,

de plus en plus, effacées par le temps, d'en exprimer les agitations avec une emphase moins lyrique et par une hyperbole moins extravagante que je ne le fis une année après dans le petit roman des *Proscrits.* « Il y avoit une tempête dans mon cœur » comme dans la nature. » Je succombai enfin à cette lutte de pensées violentes mais confuses, à travers lesquelles je ne discernois la possibilité d'aucune résolution fixe, et je m'accoudai sur ma table avec une sorte de stupeur morne et muette, où je cherchai à perdre jusqu'à la faculté de réfléchir; je ne peux pas dire combien de temps cela dura. Tout à coup mon alcôve s'entr'ouvrit, j'entendis des pas qui se dirigeoient vers moi; je sentis les doigts de Thérèse qui se glissoient entre mes mains et mon front. Je me détournai un peu, et je la vis, vêtue de quelques-uns de mes habits, coiffée de ma toque polonoise, qui

ne paroissoit pas trop large pour sa tête,
parce qu'elle y avoit rassemblé sa longue et
épaisse chevelure, et plus piquante encore
que d'ordinaire sous cet accoutrement improvisé: «Ne penses-tu pas, me dit-elle, de ce
ton d'aisance et d'abandon que les femmes
seules savent prendre dans les moments
décisifs, «ne penses-tu pas que j'ai des airs
» de Théophile?...» Théophile, dont elle me
parloit, étoit un bon petit jeune homme
d'Orléans, que d'excellentes études en minéralogie m'avoient fait donner pour collègue dans notre scientifique expédition,
et que je venois de faire partir pour Béfort,
où il devoit prendre la voiture. — «Cela est
» frappant, lui répondis-je en souriant,
parce que son intention m'avoit saisi d'a-
bord, «et vous pouvez rentrer sans danger,
» avec ce déguisement, dans la maison de
» votre père. Mais l'infortuné contre lequel
» je changerois si volontiers mon sort est-il

» aussi à l'abri de tout danger? — Je le
» crois, reprit-elle; je ne me suis évadée
» qu'après m'être bien assurée de son dé-
» part; il a de bonnes armes, un cheval
» prêt au chalet où je vous ai vu pour
» la première fois l'année dernière, et
» votre croix d'acier passée au cou. —
» Dieu soit loué! m'écriai-je, il faut espérer
» que cet heureux ouragan le protégera;
» mais il y a encore loin d'ici au pont d'Hu-
» ningue, et je vous avoue que je me con-
» fie un peu plus, pour le salut de votre
» mari, à son cheval et à ses armes qu'à
» la châsse de saint Claude et à ma croix
» d'acier.... »

Après m'être assuré de l'extérieur, je la
reconduisis; je rentrai plus tranquille. Je
dormis.

Jean Leblanc vint me réveiller à sept
heures, pour me prier, d'un air moitié

humble et moitié rusé, de vouloir bien
attester le beau fait d'armes qu'il avoit si
glorieusement accompli la nuit précédente,
et dont personne, en effet, ne pouvoit rendre plus pertinemment témoignage que
moi-même. Je compris fort bien, à la gauche subtilité de ses expressions, qu'il pré-
tendoit me faire acheter sa discrétion à ce
prix, et quoique la réputation de Jeannette
la blonde eût déjà subi assez d'échecs dans
le village pour ne pas mériter des ménagements bien scrupuleux, je fus enchanté de
la sauver à si bon marché. Je me souviens
même que je pris plaisir à faire de mon
certificat une de ces magnifiques amplifi-
cations historiques, dont le secret com-
mençoit à se perdre depuis les *carma-
gnoles* de Barrère, et ne s'est retrouvé
dès lors que dans les bulletins. Si Jean Leblanc a plus tard obtenu quelque décoration honorifique pour ses prouesses, et je

n'en serois pas trop surpris, à la manière
dont on les donne le plus souvent, ce per-
sifflage aura sans doute admirablement figuré dans son dossier.

Pendant que j'écrivois, mes amis avoient
réuni autour de moi leur petite caravane,
et se disposoient gaiement à gagner pays,
avec leurs ustensiles de minéralogistes,
leurs boîtes de fer-blanc pour herboriser,
et leurs filets à papillon. Ma chambre étoit
pleine de monde quand Thérèse y entra :
« Voilà, dit-elle en jetant sur ma table un
petit paquet proprement enveloppé d'un
linge blanc, « quelques effets que M. Théo-
» phile avoit oubliés chez mon père. Nous,
continua-t-elle avec un regard significatif,
» nous n'oublions jamais rien ! — Et moins
» Théophile que personne, interrompit un
de mes camarades. « Je parie que l'étourdi
» a mieux oublié que cela chez la belle

» Thérèse, et qu'il y a laissé aussi son cœur,
» car il ne parloit d'elle qu'avec l'enthou-
» siasme d'un amant! — Un amant! s'é-
cria Thérèse en riant, « un amant! Oh! mon
» amant est bien loin, s'il court toujours. »

Ces paroles, si heureusement appropriées
à la circonstance, et dont le tour populaire
déguisoit une communication si essentielle
et si difficile, soulagèrent mon cœur d'un
poids immense. Je n'avois pas besoin d'en
savoir davantage.

Huit jours après, je n'avois perdu de vue
ni Thérèse, ni l'humiliant et doux penser
du premier amour frustré dans ses illu-
sions, mais les événements étoient de nature
à me distraire pour quelque temps de mon
chagrin. Le coup d'état de germinal venoit
de changer encore une fois l'aspect de la
France. Les sociétés populaires se réorgani-
soient sous le nom de *cercles constitution-*

nels, et sous la présidence d'un *régulateur,*
assisté d'un *notateur.* La redoutable loi des
otages, interprétée comme on interprète ordinairement les lois redoutables, c'est-à-dire
de manière à consterner toutes les classes de
la société, quoique, dans la pensée du législateur, elle n'en menaçât qu'une, alloit être
mise en vigueur. La terreur se réveilloit, non
pas comme le lion de Billaud-Varennes, ce
seroit lui faire trop d'honneur, mais comme
le tigre dont parloit Vergniaud; les parti-
sans de l'ordre tenoient bon, mais les autres étoient les maîtres. Je tombai à Besançon au milieu d'une bagarre, et j'y fus pris.
Je n'étois pas chanceux dans les passions
de ma jeunesse. La liberté me traita comme
l'amour; et bien que je ne puisse pas dire,
même aujourd'hui, ce dont je fus accusé
alors, je ne dus la vie, dans le partage des
voix, qu'à l'humanité d'un juré, dont la rigueur m'auroit épargné bien des misères.

Ce n'étoit guère le temps de me souvenir du *Puy*, de sa vallée enchantée, de ses ruisseaux, et de ses nymphes!

Il faut convenir que je gagnai quelque chose à cette escapade où j'avois joué si gros jeu sans savoir pourquoi. Il n'y a rien qui attendrisse l'âme et qui la dispose à la tolérance comme le malheur; mais cette disposition s'accroît dans une proportion incroyable en face de cette cruelle légalité des passions politiques où les peines sont si peu en proportion avec les délits. En temps de révolution, et quel que soit le parti qui domine, si vous cherchez gens d'esprit et de cœur, exaltation sincère, sensibilité sympathique et bonne conversation, faites-vous ouvrir les prisons d'état. Depuis quarante ans on y a vu passer tout ce qu'il y a de généreux en France, et je doute qu'on eût beaucoup perdu si on avoit constitué un patriciat national sur écrous au lieu de le constituer sur brevets et sur parchemins. Disons mieux; les excellens citoyens qui réclament l'abolition de la peine de mort en matière d'opinion, (et plût à Dieu que cet effroyable vestige des sacrifices barbares de nos aïeux disparût de notre législation pour tous les crimes, ce seroit un grand crime de moins!) ceux-là, dis-je, ne sont pas seulement de vrais philanthropes dignes de la reconnoissance du monde, ce sont encore des philosophes très-judicieux et des politiques très-profonds. Il n'y a rien qui sollicite le dévouement comme le cri du sang. Tout homme grandit quand il a devant lui la guillotine et le panier. J'ai vu telle des innombrables victimes de nos discordes et de nos réactions qui ne s'est jamais détournée de sa ligne, parce que l'échafaud étoit au bout, et qui auroit rebroussé chemin dès le troisième pas s'il s'étoit agi de l'admonition d'un commissaire de police ou de l'amende d'un écu. Ce qui nous flattoit, nous, ce qui nous entraînoit irrésistiblement, et je le sais bien, c'étoit la possibilité, c'étoit l'espoir de mourir, c'étoit l'émotion du peuple qui nous regarderoit aller, l'idée vague que nous laisserions dans un cœur de femme le souvenir d'enthousiasme ou du moins d'attendrissement que nous garderoit un parti. La représentation de la mort, pour une cause que l'on s'est accoutumé à croire bonne, en fait oublier le dénouement ; et puis, quand on a la vanité de son temps ou celle d'un caractère jaloux de célébrité, qu'importe quelle main vous jettera sous les yeux de l'histoire, fût-ce la main du bourreau ! Aussi, voyez comme ils meurent, et tuez-les encore, si vous l'osez ; les royalistes, les républicains, les impériaux, les *carbonari*, les proscrits de toutes couleurs ! Ils font envie à leurs juges.

La réaction de germinal ne s'exerçoit que sur les émigrés et sur une génération d'enfants qui ne vouloit point de la terreur, par tradition, ou par raisonnement, ou par instinct. Les émigrés prisonniers furent donc, du premier abord, nos amis naturels; et l'acte d'absolution qui nous rendit à nos parents ne relâcha point cette intimité contractée sous le poids d'une infortune solidaire. Nous continuâmes à les visiter et à les servir de toutes nos forces, quelquefois avec succès. Il n'y avoit rien de plus facile en ce temps-là que d'obtenir des certificats de domicile pour le premier venu dans les villages de nos montagnes, où tout le monde étoit essentiellement aristocrate, parce que les agents insensés de la démocratie avoient révolté contre leurs principes la classe du peuple la plus intéressée à les adopter, en violentant la conscience religieuse et en persécutant la pensée. On auroit à peine trouvé

un bon chrétien sous le chaume, qui ne
faussât très-volontiers le texte exprès des
commandements, en prenant le nom de Dieu
en vain pour racheter la tête d'un proscrit,
et si c'est là un crime devant le Seigneur,
aux yeux des casuistes, je ne saurois penser
que c'en soit un aux yeux de l'humanité.
Les conseils de guerre, qui jugeoient sans
appel en matière d'émigration, et qui se
composoient d'honorables soldats fort prévenus contre ces cruautés injustes et inutiles, ne demandoient ordinairement pas
mieux que de trouver un prétexte pour ab-
soudre, et c'étoit plaisir de les voir renvoyer
chaque jour d'accusation un marquis assez
maladroitement déguisé sous le masque d'un
paysan. Je me souviens à ce sujet d'une anecdote qui donnera quelque idée de cette immense laxité d'indulgence, heureuse com-
pensation de la férocité des lois. Nous avions
un compagnon de périculeuses aventures

qui s'appeloit Léon de B......., et dont la
destinée avoit été très-romanesque. Pris à
Lyon les armes à la main, parmi les débris
de la colonne de Précy, et condamné à
mort par la commission militaire d'Orange,
un défaut de forme ou d'occurence tout-à-
fait providentiel le ramenoit dans son ca-
chot du pied de la guillotine, avec la seule
expectative d'y monter le lendemain, quand
arriva le décret de la Convention nationale
qui révoquoit ce formidable tribunal et qui
annuloit ses arrêts. Comme une charette
bien escortée le traînoit avec vingt autres à
Paris, devant le tribunal révolutionnaire
dont les pratiques expéditives ne lui pro-
mettoient guère une meilleure chance, il
s'aperçut un matin, au réveil, que son camarade de chaîne étoit mort, et il parvint
à escamoter le passeport du cadavre, qui
n'en avoit plus besoin pour se rendre à son
dernier domicile. L'individu qui venoit de

prendre ce parti extrême d'une manière si opportune, et qui étoit un montagnard du Doubs, nommé Antoine Renaud, détenu sans cause, se trouvoit porteur d'un nez tellement *démesuré* qu'on n'avoit pas imaginé d'autre expression que celle-là pour le décrire dans son signalement, et, par une rencontre fortuite dont le pauvre Léon n'auroit pas été disposé à se flatter en toute autre circonstance, le nez vraiment extraordinaire qu'il devoit aux bontés de la nature, justifioit assez amplement cette gaieté bureaucratique pour lui ôter jusqu'aux apparences d'une exagération. C'étoit, mais trait pour trait, l'homme du *Cap des nez*, dont le passage à Strasbourg donna tant d'inquiétude à l'abbesse de Quedleinberg et à ses quatre grandes dignitaires. Le voilà donc transféré à Besançon, et rendu à ce qu'on regardoit comme sa juridiction naturelle ; il ne s'éleva pas une seule réclamation contre l'identité. Malheureusement notre infortuné Facardin (c'étoit son nom de guerre), avoit vu le jour dans le Quercy, par 44 degrés de latitude, et il n'étoit jamais parvenu à modifier si peu que peu dans sa prononciation la mélopée harmonieuse et richement accentuée de ce beau pays. C'é-toit fait de lui s'il s'avisoit de proférer un seul mot devant le conseil. Il se contenta de présenter ses papiers à l'appui de cette con-figuration caractérisée qui lui servoit de sauvegarde, et il attendit la décision de ses juges dans un état de silencieux abattement qui ne coûte pas beaucoup à feindre en pa-reille situation. Mais sa sensibilité méridio-nale ne résista pas à la joie imprévue de l'acquittement, et il exclama les expressions de sa reconnoissance dans je ne sais quel malencontreux idiome franc-comtois qui n'avoit jamais développé tant de souplesse de rythme et de modulations, si ce n'est tout au plus entre Cahors et Figeac. Nous frémissions de terreur dans l'auditoire, quand nous vîmes les juges prêts à se rouler sur leurs banquettes, et le président se lever en répétant aussi distinctement que pouvoit le lui permettre une envie immodérée de rire : « L'absolution est prononcée. »

Cette histoire m'en rappelle une autre qui est assez analogue, et j'en dirai tant qu'il en viendra. Celle-ci concerne un certain graveur de Nantua, nommé Chavan, jeune alors et probablement vivant aujourd'hui, garçon spirituel, industrieux, imperturbable, *artiste* enfin dans le sens spécial que les Genevois attachent à ce mot, et doué, tout au contraire de Léon, d'une aptitude presque miraculeuse à s'approprier les manières, le langage et l'accent de tous les pays; espagnol, anglois, italien, normand, provençal, bas-breton, suivant que la circonstance le requéroit; une académie des inscriptions et belles-lettres incarnée, une polyglotte qui s'étoit faite homme. Depuis deux ans qu'il avoit été capturé avec partie d'un régiment allemand, personne n'étoit parvenu à lui apprendre un mot de françois, à lui faire oublier un instant son rôle inamovible de *Kayserlich*. Le froid, le chaud, la faim, la soif, et il étoit fort altéré, ne se manifestoient en lui dans ses besoins les plus extrêmes que par le langage du geste ou quelques articulations incompréhensibles, contre l'impuissance desquelles il manifestoit lui-même son indignation par les scènes les plus comiques de désespoir. On le surprenoit dans une rêverie, on l'éveilloit en sursaut, on le frappoit à l'improviste, et son premier cri ne trahissoit jamais le secret duquel dépendoit sa vie. Ce n'étoit que le soir, quand les verrous étoient tournés, et au milieu de nos communications les plus particulières, qu'il dépouilloit

la lourde et brutale stupidité du pandoure
pour nous égayer de folies charmantes, et
développer devant nous toutes les richesses
de sa gibecière encyclopédique. Le jour du
jugement arriva. Chavan, les faces plom-
bées, l'œil morne et nostalgique, l'air abruti
d'un troupier à demi crétin, s'assit à côté de
son défenseur sans lui adresser ni une parole
ni un regard. Chavan étoit dans son identité
un accusé important. Il avoit été condamné
trois fois à mort, comme déserteur à l'ennemi, comme réacteur du midi, et comme
émigré. Vingt témoins le reconnoissoient
sous son nom, et l'autorité de leurs déposi-
tions unanimes pouvoit être confirmée jusqu'à l'évidence la plus absolue par le moindre indice de la plus légère émotion qui eût
altéré son inaltérable sang-froid. Il les en-
tendit sans sourciller. Son seul moyen de
salut étoit la possibilité de l'existence d'un
ménechme parfait né au village de Kirche-

berg, dans le grand-duché du Bas-Rhin, et dont il avoit pris le nom et composé l'individualité avec une supériorité de talent mimique propre à faire envie aux plus grands comédiens. Tout à coup le capitaine rapporteur annonça qu'un heureux hasard venoit de faire découvrir, parmi les interprètes du conseil, un bourgeois de Kircheberg. Il n'y eut pas un regard qui ne se tournât sur Chavan ; mais Chavan n'avoit rien entendu : il puisoit une pincée de tabac dans sa boîte d'étain, la transportoit avec une lenteur solennelle au-dessus de sa large moustache, et la savouroit méthodiquement. A peine l'interprète eut pris la parole pour entrer en conférence avec l'accusé que la physionomie de celui-ci parut s'épanouir ; une hilarité subite anima ces traits si long-temps abattus, en s'accroissant graduellement jusqu'à l'exaltation, et les paroles se précipitèrent si abondamment sur ses lèvres que l'oreille la plus exercée à son jargon tudesque auroit eu peine à le suivre. Ce flux de mots menaçoit de ne pas s'arrêter quand le truchement se retourna vers le tribunal, pour attester que ce soldat étoit son compatriote, et qu'à moins d'être né à Kircheberg, il n'y avoit homme en Allemagne qui pût en parler aussi correctement le patois. Chavan fut mis en liberté avec une feuille de route. Comme il descendoit l'escalier, il aperçut son interprète, lui saisit affectueusement la main, et lui souffla bas à l'oreille, en françois fort net et fort coulant : « Quand vous » écrirez à Kircheberg, mon cher camarade, » je vous prie de ne pas m'oublier auprès de » votre respectable famille. »

Tous nos prisonniers n'eurent pas la même adresse ou le même bonheur. Il en est un dont le souvenir a laissé dans mon cœur une profonde impression de regret. C'étoit un capitaine de cavalerie, nommé

Scheyck, qui avoit émigré au commencement de la révolution avec son régiment,
et que les sots dédains de Coblentz, l'ennui
de l'inactivité, l'amour de la patrie sans
doute, et peut-être aussi quelque change-
ment de principes déterminé par l'âge et
par la réflexion, avoient décidé plus tard,
mais trop tard, deux ou trois mois après
les délais de rigueur, à revoir son pays
étourdiment abandonné dans la confusion
d'une équipée militaire. Comme il n'avoit
point de ressources, il s'étoit refait soldat,
et comme il étoit brave entre tous les braves, il étoit redevenu capitaine. Depuis son
premier galon jusqu'à sa dernière épaulette,
il n'étoit pas un des degrés de son avance-
ment qu'il n'eût franchi au prix de son
sang, et qui ne rappelât dans ses états de
service un acte brillant de valeur. Sa mauvaise fortune le fit passer à Besançon, et le
hasard voulut qu'il y fût reconnu au spec-

tacle par un de ses anciens subordonnés qui avoit fait plus de chemin et qui exer-çoit un emploi supérieur dans l'état-major de la place. La loyauté de Scheyck étoit trop sincère pour qu'il pût essayer de se soustraire à l'explication ; les lois étoient inexorables. Il s'y soumit. Au bout de quatre ou cinq jours qu'avoit duré sa captivité, nous nous réunîmes dans sa chambre, comme la veille, à l'heure de communica-tion dont jouissoient les prisonniers, pour y vider quelques verres de champagne. On fut gai, suivant l'usage, de cette gaîté exaltée dont il semble que les murs mêmes du ca-chot protégent l'expansion. Il y eut à l'ordi-naire des toasts, et des chants, et du délire. A quatre heures, un officier entra et demanda si le capitaine Scheyck étoit prêt. « Il est » prêt, » répondit Scheyck en lui tendant un verre. Ce malheureux officier venoit le chercher pour mourir, et on ne se doutoit

guère parmi nous que Scheyck eût été jugé le
matin. Le capitaine nous embrassa, marcha
au Porteau en fumant sa pipe, mesura du
regard sa place sur la terre, comme s'il avoit
voulu la marquer dans un bivouac à la tête
de sa compagnie, commanda le feu comme
il auroit commandé un exercice en blanc,
et tomba, du seul poids de son corps, la
main sur le cœur et la face au soleil. Je ne
crains pas d'affirmer que la République n'a
jamais perdu de plus digne défenseur sur
le champ de bataille.

Je n'ai pas encore parlé d'un de ces émigrés dont les prévenances et les témoignages
d'affection me touchèrent d'autant plus,
qu'il y avoit entre nous moins de cette
sympathie qui résulte de l'harmonie des
caractères et du rapport des âges. Il annonçoit une trentaine d'années, et nous avions
entendu assurer qu'il figuroit déjà comme

garde-du-corps dans cet assaut factice du château de Versailles, qui prépara les sanglantes journées d'octobre. Ce document de prison, confirmé par une tenue et des manières d'ancien régime, que servoient fort bien d'ailleurs la tournure la plus svelte et la physionomie la plus distinguée que j'aie remarquées de ma vie, l'avoient fait surnommer à la geôle *le danseur de la reine*. Hippolyte Dam, plein d'effusion pour moi seul, étoit avec le reste des prisonniers réservé jusqu'à l'austérité, ou poli à ce point de délicatesse formaliste qui exclut l'intimité même du malheur. Son front blanc, couronné de petites boucles de cheveux châtains rudes et serrés, n'avoit jamais fait un pli. On ne le voyoit jamais sourire.

Aucun de nos amis ne s'étoit trouvé muni plus promptement qu'Hippolyte des pièces indispensables pour se soustraire à la mort, et depuis que la diminution progressive des rigueurs légales rendoit les éxécutions extrêmement rares, son sort avoit entièrement cessé de m'inquiéter. J'étois libre, et je n'allois presque plus en prison. Le tour le plus avantageux que pussent prendre d'ailleurs alors les affaires d'un proscrit, c'étoit de traîner en longueur. Bonaparte n'avoit fait qu'un pas de Fréjus aux Tuileries, et la France, fatiguée de vengeances et d'assassinats, embrassoit avec confiance l'espoir d'une amnistie universelle. Je fus donc fort étonné d'apprendre qu'Hippolyte insistât tout à coup, en dépit du conseil lui-même, sur la solution de son affaire; mais cette impatience ne me fit concevoir d'autre idée que celle de sa sécurité. Je ne m'alarmai point, parce que je n'imaginai pas qu'il eût été aussi pressé si les résultats de sa démarche avoient présenté quelque incertitude, et je m'étois couché fort tranquille sur lui le jour de son jugement. Il

étoit six heures du matin le lendemain,
quand la sœur Marthe me réveilla.

Vous vous rappelez tous cette bonne
sœur Marthe Biget, la providence des malades, la consolatrice des affligés, la pro-
tectrice des prisonniers, l'ange gardien des
proscrits, qui joignoit, dans sa virile sta-
ture, à l'énergie inflexible d'un héros, la
tendresse compatissante d'une femme et les
vertus d'une sainte. Vous l'avez encore vue,
si je ne me trompe, chamarrée par les sou-
verains de l'Europe de rubans, de croix, de
médailles, comme une image symbolique
de la charité personnifiée, et fléchissant
humblement sous le poids de ces magnifi-
cences pieuses, en rêvant au parti qu'elle
pourroit en tirer pour le soulagement de
ses pauvres. Elle n'étoit pas alors si super-
bement décorée. C'étoit tout bonnement la
sœur Marthe en coiffe blanche et en bé-

guin noir, en noir jupon de serge avec le
juste pareil, en tablier de toile d'Orange
bleue à pois blancs, un petit mouchoir de
perkale sur le cou, et parée pour toute ri-
chesse d'une grosse jeannette d'argent, dont
le cœur énorme avoit été souvent engagé
pour procurer quelque secours à un indi-
gent ou quelque douceur à un condamné.
Je n'avois point de meilleure amie que la
sœur Marthe Biget, comme elle n'avoit point
de meilleur ami que moi, et sa protection, si
j'en avois voulu, ne m'auroit pas plus failli
en 1814, auprès des rois et des empereurs,
qu'elle n'eût fait, quinze ans auparavant,
près des gendarmes et des guichetiers. Étrange vicissitude des choses!—Sa visite m'étoit
si coutumière, quand elle avoit besoin de
faire improviser un plaidoyer gratuit pour
un accusé insolvable, que je ne fus pas surpris, à l'ouverture de mes volets, de la voir
assise et immobile au pied de mon lit.

« Eh bien ! sœur Marthe, lui dis-je, qu’a-
» vons-nous à faire aujourd’hui ? S’il s’agit
» de vos émigrés, vous savez que mon nom
» n’est pas une bonne recommandation
» pour eux. S’il s’agit de vos déserteurs, je
» vous ai déjà dit que j’avois juré de ne ja-
» mais porter la parole devant le conseil qui
» a condamné entre mes mains Alleyme et
» Stevenard, contre le texte formel de la loi.

— Ce n’est pas cela, dit sœur Marthe
en essuyant une larme d’un de ses gros
doigts ; « c’est une commission d’Hippo-
» lyte.....

— Hippolyte ! m’écriai-je ; et que veut-
» il ?....

— Hippolyte ! reprit sœur Marthe, avec
un regard étonné ; « tu ne sais donc pas
» qu’il a été fusillé hier au soir ?

— Fusillé !....

« — A quatre heures un quart. Il a refusé
» de faire usage de son passeport et de ses
» certificats. Il s'est nommé. M. de Maíche
» l'a bien exhorté. L'abbé Arthaud est venu
» le voir. Il est mort chrétiennement. » Et
en même temps, elle me tendoit une boîte-
lette de sapin dont je faisois sauter le cou-
vercle en grinçant les dents.

J'en tirai un flocon de coton qui envelop-
poit une croix d'acier; et dessous, il y avoit
ce billet :

« Je vous adresse par une voie sûre, mon
» pauvre Charles, une croix que vous aviez
» donnée à Thérèse. De tout ce que nous
» avons aimé, Thérèse et moi, cette croix ne
» peut plus protéger que vous. Thérèse est
» morte il y a dix jours, et je vais mourir tout
» à l'heure. Souvenez-vous de nous deux.

                              » HIPPOLYTE. »

Réaction thermidorienne,

ET

DES COMPAGNIES DE JÉHU.

On peut juger de ce qu'on appelle les
réactions politiques par les lois ordinaires
de la mécanique. Elles sont en raison de
l'action qui a précédé; ce n'est que lente-
ment et à la suite d'un grand nombre d'os-
cillations que l'action affoiblie est suivie
d'une réaction plus foible, et ainsi graduel-

lement, jusqu'à ce que l'action et la réaction se confondent dans un mouvement imperceptible, suivi d'une entière immobilité. Dans les révolutions, les réactions sont couvertes de je ne sais quel prétexte de représailles qui les légitime jusqu'à un certain point aux yeux des mauvais casuistes et des moralistes relâchés. L'application d'une nécessité physique à une théorie morale est cependant tout-à-fait abusive. L'obéissance des masses inertes à une impulsion donnée ne sauroit justifier celle de l'être sensible et raisonnant dont l'intelligence est éclairée par l'éducation et par la religion. Aussi les réactions de l'an III et de l'an IV m'ont laissé un souvenir presque aussi pénible que les scènes de la terreur. Je les percevois d'ailleurs avec des organes plus développés, et par conséquent plus propres à subir des impressions tendres et profondes, car la sensibilité des enfans s'excerce peu au dehors. Elle est personnelle et presque animale; il faut avoir quelque temps vécu, pour apprendre à aimer les autres sans acception de ses intérêts ou de ses besoins. Cette source d'amour commence à s'ouvrir pour l'adolescence; elle est tarie pour la vieillesse. La vie d'un homme bien organisé est un cercle d'affections, mais il y a de l'égoïsme aux deux points les plus rapprochés de la soudure.

Ce qui justifie cette réaction thermidorienne devant le grand nombre est peut-être ce que j'y trouve de plus odieux. La révolution avoit une horrible franchise; elle marchoit au chaos, mais elle l'avoit dit. Les idées de droit, d'ordre, d'équilibre, la seule pensée d'une institution la mettoit en fureur, mais sa fureur étoit brute et naïve comme celle du tigre. Elle versoit du sang parce que le sang étoit bon, mais ses bourreaux ne mettoient pas de gants sur leurs mains sanglantes, ils les montroient toutes nues. C'étoit cruauté, c'étoit rage, ce n'étoit pas déception. La réaction thermidorienne se plaçoit au contraire sous les auspices des idées les plus solennelles de la société. Elle s'armoit au nom de la civilisation, au nom du culte renversé par des mains sacriléges, au nom de l'humanité impitoyablement outragée par des cannibales, au nom des arts que les Vandales révolutionnaires avoient proscrits. Elle s'annonçoit comme l'aurore d'un âge de restauration, de paix, de félicité publique, et elle assassinoit. Voilà ce qui se concilioit mal dans ma jeune pensée. C'étoit l'énigme du sphynx avec ses belles formes, et ses paroles insidieuses, et sa curée de victimes humaines.

La terreur avoit affecté un grand cy-

nisme dans les vêtements, une sobre austérité dans les banquets, un profond mépris
pour les spectacles et pour les fêtes qui ne
lui rappeloient point, dans leurs pompes
sauvages, les mystères tragiques de ses saturnales. La réaction fut élégante et même
parée; elle réveilla le goût des festins et
des bals, les fantaisies du luxe et les frénésies de la volupté. Quelques hommes encore jeunes qui avoient formé leur éducation morale dans les boudoirs de la Du-
barry devinrent les arbitres des bonnes manières. Les mœurs de la terreur avoient été
d'une grossièreté hideuse. Celles de la réaction furent d'une impudence raffinée, et
quand la détestable politesse du vice prête
son vernis à la férocité, il me semble qu'elle
l'enlaidit encore. Il se trouva des hommes
alors tout aussi cruels que Marat, mais
beaux de jeunesse et de manières, qui entraînoient les cœurs après eux quand ils

entroient dans un salon au milieu d'un nuage d'ambre. S'ils n'avoient pas senti l'ambre, ils auroient senti le sang.

Ces faits si remarquables sont fort peu connus à Paris, où cette réaction ne s'est manifestée que par quelques vexations de la police et quelques pasquinades du théâtre. Ce que tout le monde vous dira de ce temps-là, c'est qu'il y avoit alors un bal *des victimes*, où une femme n'étoit pas admise si quelqu'un de sa famille n'avoit péri sur l'échafaud, et où le costume de rigueur d'une danseuse étoit celui dans lequel sa mère ou sa sœur étoit tombée sous la main du bourreau, c'est-à-dire le schall rouge, et les cheveux coupés à fleur du cou. Ce que tout le monde se rappelle encore, grâce aux spirituelles caricatures de Carle Vernet, c'est *l'élégant de* 1795, avec son habit court et carré, son gilet de panne chamoise à dix-huit boutons de nacre, ses longs cheveux poudrés, et flottants des deux côtés sur les épaules, qu'on appeloit des *oreilles de chien*, sa cadenette retroussée, sa cravate verte, et son bâton noüeux. Mais n'en demandez pas davantage à la mémoire des Parisiens sur la réaction thermidorienne; et par conséquent n'en demandez pas davantage à l'histoire, car il en est de l'histoire comme de la langue. Elle n'est faite que pour Paris, et il faut le savoir pour ne pas s'étonner de ne trouver aucuns renseignements développés sur cette singulière époque, une fois qu'on a épuisé les registres des modistes et les cartons des marchands d'estampes. L'ouest et le nord de la France ne furent guère moins étrangers que Paris au mouvement de la réaction. Lyon étoit sa capitale, et de là elle étendoit ses ramifications vers l'est, en s'appuyant sur Bourg-en-Bresse et Lons-le-

Saulnier, et au midi, sur Nîmes, Tarascon et Marseille.

Cette ligue presque innocente à Paris n'y a été connue que sous le nom de la *Jeunesse de Fréron*. Fréron, répudié par la Montagne, qui l'abandonna aux lourdes atteintes de Moyse Bayle; repoussé avec horreur par l'ancien parti de la Gironde, qui le dévoua aux imprécations foudroyantes d'Isnard; Fréron, comme disoit ce prodigieux Isnard, demeuré *tout nu et tout couvert de la lèpre du crime,* avoit besoin de se retrancher sous la bannière d'une faction. Il y a dans les révolutions des antipathies que l'on a peine à concevoir. Il y a aussi dans les révolutions des alliances que l'on ne conçoit pas. Fréron, qui n'étoit rien, ni par son esprit, ni par son caractère, ni par sa considération politique; Fréron, qui ne s'étoit jamais distingué en rien du plus obscur vulgaire, pas même chez ces journaliers littéraires qui travaillent pour du pain, sans acception de leur réputation et de leur honneur, quoiqu'il eût fait ce triste métier à la suite de son père ; Fréron se trouva tout à coup à la tête d'un parti puissant de jeunesse, d'énergie, de vengeance, de ces passions du temps qui menoient à tout, et du silence des lois qui souffroient tout. Mais ceci, je le répète, est bien spécial à Paris. Le chef de la *Jeunesse de Fréron*, dans tout l'éclat de ses succès, n'auroit pas traversé impunément la place des Terreaux.

A part ces détails qui sont connus et qui méritent à peine de l'être, il est difficile de parler de la réaction thermidorienne sans dire du nouveau. Au moins faudroit-il examiner une fois, sous ses rapports avec nos mœurs traditionnelles, cette institution des *Compagnies de Jésus*, qui n'avoit plus de type dans nos annales depuis le moyen âge, mais qui se rattache, par une filiation très-sensible, à ces redoutables *chevaleries* de brigandage et d'assassinat dont un jeune savant nous promet l'histoire. Il est peu de personnes qui sachent que cette armée étoit organisée avec beaucoup de puissance, qu'elle avoit sa hiérarchie, ses cadres, ses statuts, sa discipline, ses volontaires, ses mercenaires, ses *enfans-perdus*. Je n'ai même jamais vu son nom écrit correctement, car je viens de me conformer à un usage ridicule pour ne pas étonner le lecteur par une désignation insolite. Le nom sacramentel des *Vengeurs* étoit *Compagnons de Jéhu*, et il étoit fort bien approprié à leur cruel ministère, Jéhu étant, comme on sait, un roi d'Israël qui avoit été sacré par Elisée sous la condition de punir les crimes de la maison d'Achab et de Jézabel, et de mettre à mort tous les prêtres de Baal. La révolu-

tion, habile à ne pas se laisser surprendre,
essaya de jeter quelque contre-poids dans
la balance, en créant ou en renouvelant,
sur la foi d'une charte plus qu'apocryphe,
un ordre de Templiers, aujourd'hui tout-à-
fait oublieux de son origine, et propre,
tout au plus, je suppose, à fournir quelque appendice à l'histoire innocente et pué-
rile des mascarades maçonniques, d'ailleurs
si candidement inoffensives. A l'époque dont
je parle, il pouvoit en être autrement. L'action du gouvernement étoit suspendue, et
le sort de la France se débattoit dans les
LOGES, dans les VENTES, dans les SYNODES,
et surtout dans les cafés. La *Compagnie de
Jéhu*, toute bien organisée qu'elle fût, n'a-
voit aucun ascendant moral sur ses adversaires, dont l'esprit étoit plus mûr, le
caractère plus éprouvé et la clientelle plus
large; mais elle jouissoit d'un avantage de
fait qu'on ne peut pas contester. Elle occu-

poit la rue, la place, les lieux publics ; elle marchoit à découvert, et ses poignards étoient tirés du fourreau.

Ce fut un étrange, un épouvantable spectacle! On n'a peut-être jamais vu aussi long-temps chez aucun peuple l'autorité légale mise en interdit, et la vengeance arbitraire hardiment érigée en place de la loi. Ce n'étoit pas une question, c'étoit *un droit!* On exécutoit un assassinat comme un jugement, et les gens qui passoient n'a-voient rien à dire. La théorie du meurtre étoit montée dans les hautes classes. Il y avoit dans les salons des secrets de mort qui épouvanteroient les bagnes. On faisoit *Charlemagne* à la bouillotte pour une *partie* d'extermination, et on ne prenoit pas la peine de parler bas pour dire qu'on alloit tuer quelqu'un. Les femmes, douces médiatrices de toutes les passions de l'homme, avoient pris une part offensive dans ces horribles débats. Depuis que d'exécrables Mégères ne portoient plus la guillotine en boucles d'oreilles, *d'adorables furies*, comme auroit dit Corneille, portoient le poignard en épingle, à l'imitation des Catalanes, qui le glissent jusque dans leurs cheveux. Un beau jeune homme étendoit un doigt sanglant sur la bonbonnière d'une dame, et c'étoit (*horresco referens*) la seule partie de sa main délicate qui eût été soigneusement soustraite à la pâte d'amande et au savon d'Angleterre. Si vous aviez le bonheur de vous sauver de la *bonne compagnie*, vous ne traversiez pas le Rhône sans entendre la chute de quelque *Mathevon* qui tomboit dans le fleuve, et si l'infortuné étoit assez adroit pour gagner la rive à la nage, et pour se réfugier dans un corps-de-garde, un long cri vous avertissoit bientôt qu'il venoit d'y mourir sous les bayonnettes. Quand vous opposiez quelques objections de sentiment à ces épouvantables excès, on vous menoit aux Brotteaux, on vous faisoit marcher, malgré vous, sur cette terre élastique et rebondissante, et on vous disoit : *C'est là que sont nos parents.* Chose étrange! nous sommes mille fois plus loin de cette époque que du moyen âge, car les chances du moyen âge sont éternellement rédivives, et celles-ci ne se reproduiront peut-être jamais. Dans ces réminiscences amassées sans ordre, et traduites sans méthode, je ne me suis certainement avisé d'aucun système de composition; mais quel tableau, grand Dieu, pour ces grands écrivains qui sont de grands peintres, un Walter-Scott, un Victor Hugo, un Alfred de Vigny, que celui de ces jours d'exception dont le caractère indéfinissable et sans nom ne peut s'exprimer que par les faits eux-mêmes, tant la parole est impuissante pour rendre cette confusion inouïe des idées les plus antipathiques, cette alliance des formes les plus élégantes et des plus implacables fureurs, cette transaction effrénée des doctrines de l'humanité et des actes des anthropophages! Comment faire comprendre ce temps incompréhensible où les cachots ne protégeoient pas les prisonniers, et où le bourreau qui venoit chercher sa victime s'étonnoit d'avoir été devancé par l'assassin; ce long 2 septembre tous les jours renouvelé par d'aimables jeunes gens qui sortoient d'un bal et qui se faisoient attendre dans un boudoir? Je ne l'entreprendrai pas. Dans cette galerie, vide encore, il m'est tout au plus permis de laisser un croquis, et je me suis pris au premier souvenir qui m'est venu.

On ne peut pas se le dissimuler, jamais il

ne s'est élevé une horrible passion devenue contagieuse qu'elle n'ait suscité quelques supériorités effrayantes sans doute, mais notables. Le crime aussi a des héros, et des héros dont le nom retentit long-temps dans la mémoire du peuple. On ne le croiroit pas au silence absolu des Biographies sur les *Compagnons de Jéhu.* Dans toutes celles que j'ai consultées, on n'en nomme qu'un dont je n'aurois jamais rien dit si on ne l'avoit pas nommé, car c'étoit incontestablement l'homme le plus nul et le plus obscur de son parti; mais on le nomme tout simplement, comme on auroit nommé Poulailler ou Cartouche, et sans rattacher son histoire à une époque ou à une série d'évènements. Voici les premiers mots de cet article, sur lequel je brode, à mon ordinaire, un commentaire plus étendu que le texte, mais qui n'est pas sans intérêt s'il contient quelques

faits neufs ou quelques observations nouvelles.

« AMIET, voleur de diligences, s'est fait,
» à force d'audace et de brigandages, une
» odieuse célébrité. Il avoit organisé une
» troupe qui ravagea long-temps le dépar-
» tement de l'Ain, mais dont une partie
» tomba enfin entre les mains de la justice
» avec son chef, etc. etc. etc. »

Amiet seroit bien surpris s'il pouvoit lire
cette notice, mais il le seroit moins que ses
juges. Le hasard m'avoit jeté dans la prison
d'Amiet et de ses complices, à un âge où
l'idée du crime est plus repoussante que
dans tout le reste de la vie, à l'âge où l'on
conçoit à peine les passions. J'ai vécu avec
ces gens-là, j'ai couché sur leur paille, j'ai
rompu leur pain, et j'en ai conservé une
idée toute différente.

Amiet n'étoit pas le chef de la bande de *voleurs* dont il est question dans les Biographies. J'ai dit que c'étoit le moindre des condamnés. Au reste, cette dénomination même de *voleurs de diligences* a besoin d'être expliquée. Je ne m'adresse à aucun souvenir de parti, car je suis placé dans la position la plus avantageuse de toutes, pour écrire quelque chose qui ressemble à de l'histoire. Il y a du bon et du mauvais, il y a du beau et du hideux dans toutes les opinions. Il n'est point de pouvoir qu'on ne puisse accuser. Il n'est point de révolte qu'on ne puisse défendre. Tant que ces questions ont été pour moi une affaire de vie ou de mort, j'ai pu les juger assez mal. Je les vois aujourd'hui d'une manière plus impassible que la postérité elle-même, car elle les verra nécessairement à travers quelques préventions dominantes, et toutes les impressions que l'histoire contemporaine m'a laissées se sont converties en indifférence et en dédain.

On sait qu'à l'époque culminante de la réaction thermidorienne, les espérances de l'opinion royaliste s'étoient vivement réveillées. Il n'étoit question que d'une restauration prochaine de la maison de Bourbon, qui ne devoit pas se faire attendre plus de six mois. Lyon étoit, comme je l'ai dit, le quartier-général de cette conspiration, assez ouverte pour mériter un autre nom. C'étoit un véritable gouvernement provisoire avec son comité royal, son administration royale, son état-major royal, et presque ses armées royales. Une de ces armées s'organisoit dans les montagnes d'Auvergne, sous les ordres de M. de Chardon, une autre dans les montagnes du Jura, sous les ordres de M. de Teyssonnet. Il est même vrai de dire que l'honneur périlleux des épaulettes

étoit fort recherché; mais les soldats manquoient. Il n'y a rien de plus difficile que
d'organiser une armée sans argent, et le
budget de la contre-révolution n'étoit pas
riche. Il arrivoit bien de l'étranger quelques
grosses sommes chez les caissiers patentés
de *la bonne cause*, mais elles n'en sortoient
guère. Ces prodigalités extra-nationales nous
ont du moins fait quelques éligibles.

Dans cet embarras, on comprit qu'il n'y
avoit que la République qui pût solder ses
ennemis. Or, il n'étoit pas probable qu'elle
s'y décideroit de gré à gré, et sans essayer
cette négociation scabreuse, on jugea qu'il
valoit mieux lui prendre de l'argent que
de lui en demander. On organisa donc des
bandes ou des compagnies, chargées de
l'enlèvement des recettes et de l'attaque des
transports de fonds publics. Je suis obligé
de déclarer que cette mesure étant la seule

qu'il fût possible de pratiquer, je la trouve
très-naturelle. Dans un état de guerre civile,
la spoliation de la diligence du trésor n'est
pas un crime caractérisé par les lois. C'est
une opération, et, suivant les cas, un fait
d'armes. Au reste, on n'a plus d'idée de
l'influence que de pareils évènements pouvoient exercer sur la manière d'apprécier
les choses. Tel homme, dont la légèreté
avec laquelle je parle de ces monstrueuses
aberrations révolte l'esprit et le cœur, les
auroit comprises comme moi s'il avoit vécu
de mon temps.

Je ne dis pas, Dieu m'en garde! que les
Compagnies qui furent chargées de ces
horribles opérations se composèrent de
l'élite du parti. Personne ne me croiroit;
c'étoient, en général, des jeunes gens perdus
de dettes, de débauches, de crimes, qui se
réfugioient au hasard sous le premier éten-

dard venu, où ils pouvoient trouver quelque
garantie d'impunité, ou quelque solidarité
de dévouement et de sang. Tout le monde
ne sait pas au juste ce que le sentiment
de l'honneur peut produire de grand dans
le cœur d'un brigand désespéré, qui croit
s'ennoblir en s'associant à une noble cause.
Près de ces misérables, on comptoit quelques-uns de ces esprits exaltés, si communs
alors, que l'entraînement d'une opinion dé-
cidoit moins que l'appât d'un danger aventureux. Quelques-uns, comme Hyvert dont
je parlerai tout à l'heure, faisoient ce métier
en amateurs, et pour jouer leurs têtes dans
des exploits de bandits qui ne leur paroissoient pas condamnables aux yeux de la morale. J'ai vu beaucoup de ces malheureux,
j'ai vu surtout ceux dont il est question ici,
et je les vois encore, téméraires, exaltés jusqu'au délire, passionnés jusqu'à la fureur,
mais incapables de faire tort d'un denier

au trésor d'un riche, et prêts à racheter
de leur sang les larmes d'un enfant ; semblables enfin à ces compagnons de *Charles
Moor* ou de *Robert, chef de brigands,* qu'ont
illustrés la tragédie et le mélodrame. Au
reste, il est à remarquer qu'ils n'ont jamais
été accusés en justice d'un vol exercé sur les
particuliers. Quoique les voleurs de profession n'eussent pas manqué de s'étayer
sur cette anomalie si nouvelle dans l'ordre
social, de voler de vive force au nom du
Roi, la distinction des uns et des autres
s'est toujours manifestée d'une manière si
claire, qu'on ne peut la nier sans mentir
à la conscience d'une génération. Je me souviens qu'un honnête vieillard s'étant plaint
dans une table d'hôte de Lyon d'avoir été
volé ce jour-là d'un *groupe* de cent louis
qui s'étoit trouvé joint par hasard au *groupe*
de l'État, cette somme lui fut rapportée le
soir même, et qu'il manifesta le lendemain,

sans le faire partager, un étonnement plein
de naïveté et de joie. De ses cinquante auditeurs, il n'y en avoit pas un qui ne com-
prît très-bien cela.

Les voleurs de diligences dont il est question dans l'article AMIET, que j'ai cité tout
à l'heure, s'appeloient Le Prêtre, Hyvert,
Guyon et Amiet. Le Prêtre avoit quarante-
huit ans; c'étoit un ancien capitaine de dra-
gons, chevalier de Saint-Louis, doué d'une
physionomie noble, d'une tournure avantageuse et d'une grande élégance de manières. Guyon et Amiet n'ont jamais été
connus sous leur véritable nom. Ils devoient
ceux-là à l'obligeance si commune des marchands de passeports. Qu'on se figure deux
étourdis entre vingt et trente ans, liés par
quelque responsabilité commune qui étoit
peut-être celle d'une mauvaise action, ou
par un intérêt plus délicat et plus généreux,

la crainte de compromettre leur nom de
famille, on connoîtra de Guyon et d'Amiet
tout ce que je m'en rappelle. Ce dernier
avoit la figure sinistre, et c'est peut-être à
sa mauvaise apparence qu'il doit la mauvaise
réputation dont les biographes l'ont doté.
Hyvert étoit le fils d'un riche négociant
de Lyon, qui avoit offert au sous-officier
de gendarmerie, chargé de son transfère-
ment, soixante mille francs pour le laisser
évader. C'étoit à la fois l'Achille et le
Pâris de la bande. Sa taille étoit moyenne,
mais bien prise; sa tournure gracieuse, vive
et svelte. On n'avoit jamais vu son œil sans
un regard animé, ni sa bouche sans un sourire. Il avoit une de ces physionomies qu'on
ne peut pas oublier, et qui se composent
d'un mélange inexprimable de douceur et
de force, de tendresse et d'énergie. Quand
il se livroit à l'éloquente pétulance de ses inspirations, il s'élevoit jusqu'à l'enthousiasme.

Sa conversation annonçoit un commencement d'instruction bien faite et beaucoup
d'esprit naturel. Ce qu'il y avoit d'effrayant
en lui, c'étoit l'expression étourdissante de
sa gaieté, qui contrastoit d'une manière horrible avec sa position. D'ailleurs, on s'ac-
cordoit à le trouver bon, généreux, humain,
facile à manier pour les foibles, car il aimoit
à faire parade, contre les autres, d'une vigueur réellement athlétique, que ses traits
un peu efféminés étoient loin d'indiquer.
Il se flattoit de n'avoir jamais manqué d'argent et de n'avoir jamais eu d'ennemis. Ce
fut sa seule réponse à l'imputation de vol et
d'assassinat. Il avoit vingt-deux ans.

Ces quatre hommes avoient été chargés
de l'attaque d'une diligence qui portoit quarante mille francs pour le compte du gouvernement. Cette opération s'exécutoit en
plein jour, presque à l'amiable, et les voya-

geurs, désintéressés dans l'affaire, s'en sou-
cioient fort peu.. Ce jour-là un enfant de
dix ans, bravement extravagant, s'élança
sur le pistolet du conducteur, et tira au
milieu des assaillants. Comme l'arme paci-
fique n'étoit chargée qu'à poudre, suivant
l'usage, personne ne fut blessé, mais il y
eut dans la voiture une grande et juste ap-
préhension de représailles. La mère du petit
garçon fut saisie d'une crise de nerfs si
affreuse, que cette nouvelle inquiétude fit
diversion à toutes les autres, et qu'elle oc-
cupa tout particulièrement l'attention des
brigands. L'un d'eux s'élança près d'elle en
la rassurant de la manière la plus affec-
tueuse, en la félicitant sur le courage pré-
maturé de son fils, en lui prodiguant les
sels et les parfums dont ces messieurs étoient
ordinairement munis pour leur propre usage.
Elle revint à elle, et ses compagnons de
voyage remarquèrent que, dans ce moment

d'émotion, le masque du voleur étoit tombé, mais ils ne le virent point.

La police de ce temps-là, retranchée sur une observation impuissante, ne pouvoit s'opposer aux opérations des bandits, mais elle ne manquoit pas de moyens pour se mettre sur leur trace. Le mot d'ordre se donnoit au café, et on se rendoit compte d'un fait qui emportoit la peine de mort d'un bout du billard à l'autre. Telle étoit l'importance qu'y attachoient les coupables et qu'y attachoit l'opinion. Ces hommes de terreur et de sang se retrouvoient le soir dans le monde, et parloient de leurs expéditions nocturnes comme d'une veillée de plaisir. Le Prêtre, Hyvert, Guyon et Amiet furent traduits devant le tribunal d'un département voisin. Personne n'avoit souffert de leur attentat, que le trésor, qui n'intéressoit qui que ce fût, car on ne savoit plus à qui il appartenoit. Personne n'en pouvoit reconnoître un, si ce n'est la belle dame, qui n'eût garde de le faire. Ils furent acquittés à l'unanimité.

Cependant la conviction de l'opinion étoit si manifeste et si prononcée, que le ministère public fut obligé d'en appeler. Le jugement fut cassé; mais telle étoit alors l'incertitude du pouvoir, qu'il redoutoit presque de punir des excès qui pouvoient le lendemain être cités comme des titres. Les accusés furent renvoyés devant le tribunal de l'Ain, dans cette ville de Bourg, où étoient une partie de leurs amis, de leurs parents, de leurs fauteurs, de leurs complices. On croyoit avoir satisfait aux réclamations d'un parti en lui ramenant ses victimes. On croyoit être assuré de ne pas déplaire à l'autre, en les plaçant sous des garanties presque infaillibles. Leur entrée dans les prisons fut en effet une espèce de triomphe.

L'instruction recommença. Elle produisit d'abord les mêmes résultats que la précédente. Les quatre accusés étoient placés sous la faveur d'un *alibi* très-faux, mais revêtu de cent signatures, et pour lequel on en auroit trouvé dix mille. Toutes les convictions morales devoient tomber en présence d'une pareille autorité. L'absolution paroissoit infaillible, quand une question du président, peut-être involontairement insidieuse, changea l'aspect du procès. « Madame, dit-il à celle qui avoit été si aimablement assistée par un des voleurs, « quel est celui des ac» cusés qui vous a accordé tant de soins ? »

Cette forme inattendue d'interrogation intervertit l'ordre de ses idées. Il est probable que sa pensée admit le fait comme reconnu,

et qu'elle ne vit plus, dans la manière de
l'envisager, qu'un moyen de modifier le
sort de l'homme qui l'intéressoit. « C'est
» Monsieur, » dit-elle en montrant Le Prêtre.
Les quatre accusés, compris dans un *alibi*
indivisible, tomboient, de ce seul fait, sous
le fer du bourreau. Ils se levèrent, et la
saluèrent en souriant. « Pardieu, dit Hyvert,
en retombant sur sa banquette avec de
grands éclats de rire, « voilà, capitaine, qui
» vous apprendra à être galant. » J'ai entendu
dire que, peu de temps après, cette mal-
heureuse dame étoit morte de chagrin.

Il y eut le pourvoi accoutumé; mais cette
fois il donnoit peu d'espérances. Le parti
de la révolution, que Napoléon alloit écra-
ser un mois plus tard, avoit repris l'ascendant. Celui de la contre-révolution s'étoit
compromis par des excès odieux. On vouloit
des exemples, et on s'étoit arrangé pour

cela, comme on le pratique ordinairement
dans les temps difficiles; car il en est des
gouvernements comme des hommes : les
plus foibles sont les plus cruels. Les compagnies de Jéhu n'avoient d'ailleurs plus d'existence compacte. Les héros de ces bandes fa-
rouches, Debeauce, Hastier, Bary, Le Coq,
Dabri, Delboulbe, Storkenfeld, étoient
tombés sur l'échafaud ou à côté. Il n'y avoit
plus de ressources pour les condamnés dans
le courage entreprenant de ces fous fatigués, qui n'étoient pas même capables, dès
lors, de défendre leur propre vie, et qui se
l'ôtoient froidement, comme Piard, à la fin
d'un joyeux repas, pour en épargner la peine
à la justice ou à la vengeance. Nos brigands
devoient mourir.

Leur pourvoi fut rejeté; mais l'autorité
judiciaire n'en fut pas prévenue la première.
Trois coups de fusils, tirés sous les murailles

du cachot, avertirent les condamnés. Le
commissaire du Directoire exécutif qui
exerçoit le ministère public près des tri-
bunaux, épouvanté par ce symptôme de
connivence, requit une partie de la force
armée, dont mon oncle étoit alors le chef.
A six heures du matin, soixante cavaliers
étoient rangés devant la grille du préau.

Quoique les guichetiers eussent pris toutes
les précautions possibles pour pénétrer dans
le cachot de ces quatre malheureux, qu'ils
avoient laissés la veille si étroitement gar-
rotés et chargés de fers si lourds, ils ne
purent pas leur opposer une longue résistance. Les prisonniers étoient libres et armés
jusqu'aux dents. Ils sortirent sans difficulté,
après avoir enfermé leurs gardiens sous les
gonds et sous les verroux, et, munis de
toutes les clefs, ils traversèrent aussi aisément l'espace qui les séparoit du préau. Leur
aspect dut être terrible pour la populace,

qui les attendoit devant les grilles. Pour conserver toute la liberté de leurs mouvements, pour affecter peut-être une sécurité plus menaçante encore que la renommée de force et d'intrépidité qui s'attachoit à leur nom, peut-être même pour dissimuler l'épanchement du sang, qui se manifeste si vite sous une toile blanche, et qui trahit les derniers efforts d'un homme blessé à mort, ils avoient le buste nu. Leurs bretelles croisées sur la poitrine, leurs larges ceintures rouges, hérissées d'armes, leur cri d'attaque et de rage, tout cela devoit avoir quelque chose de fantastique. Arrivés au préau, ils virent la gendarmerie déployée, immobile, impossible à rompre et à traverser. Ils s'arrêtèrent un moment, et parurent conférer entre eux. Le Prêtre, qui étoit, comme je l'ai dit, leur aîné et leur chef, salua de la main le piquet, en disant avec cette noble grâce qui lui étoit particulière :

« Très-bien, Messieurs de la gendarmerie! »
Ensuite il passa devant ses camarades, en
leur adressant un vif et dernier adieu, et
puis se brûla la cervelle. Guyon, Amiet et
Hyvert se mirent en état de défense, le
canon de leurs doubles pistolets tourné sur
la force armée. Ils ne tirèrent point; mais
elle regarda cette démonstration comme
une hostilité déclarée: elle tira. Guyon tomba
roide mort sur le corps de Le Prêtre, qui
n'avoit pas bougé. Amiet eut la cuisse cassée
près de l'aîne. La *Biographie des contemporains* dit qu'il fut exécuté. J'ai entendu
raconter bien des fois qu'il avoit rendu le
dernier soupir au pied de l'échafaud. Hyvert
restoit seul: sa contenance assurée, son œil
terrible, ses pistolets agités par deux mains
vives et exercées qui promenoient la mort
sur tous les spectateurs, je ne sais quelle
admiration peut-être qui s'attache au désespoir d'un beau jeune homme aux cheveux

flottants, connu pour n'avoir jamais versé
le sang, et auquel la justice demande une
expiation de sang, l'aspect de ces trois cadavres, sur lesquels il bondissoit comme
un loup excédé par des chasseurs, l'effroyable nouveauté de ce spectacle suspen-
dirent un moment la fureur de la troupe. Il
s'en aperçut et transigea : « Messieurs, dit-il,
» à la mort! j'y vais! j'y vais de tout mon
» cœur! mais que personne ne m'approche,
» ou celui qui m'approche, je le *brûle*, si
» ce n'est Monsieur, continua-t-il en montrant le bourreau. « Cela, c'est une affaire
» que nous avons ensemble, et qui ne de-
» mande de part et d'autre que des pro-
» cédés. »

La concession étoit facile; car il n'y avoit
là personne qui ne souffrît de la durée de
cette horrible tragédie, et qui ne fût pressé
de la voir finir. Quand il vit que cette con-

cession étoit faite, il prit un de ses pistolets aux dents, tira de sa ceinture un poignard, et se le plongea dans la poitrine jusqu'au manche. Il resta debout, et en parut étonné. On voulut se précipiter sur lui : « Tout beau! » Messieurs, cria-t-il en dirigeant de nouveau sur les hommes qui se disposoient à l'envelopper les pistolets dont il s'étoit ressaisi, pendant que le sang jaillissoit à grands flots de la blessure où le poignard étoit resté, « vous savez nos conventions : je mourrai » seul ou nous mourrons trois; marchons. » On le laissa marcher. Il alla droit à la guillotine, en tournant le couteau dans son sein. « Il faut, ma foi, dit-il, que j'aie l'âme » *chevillée* dans le ventre! je ne peux pas » mourir. Tâchez de vous tirer de là. » Il adressoit ceci aux exécuteurs.

Un instant après, sa tête tomba. Soit par

hasard, soit par quelque phénomène particulier de vitalité, elle bondit, elle roula
hors de tout l'appareil du supplice, et on
vous diroit encore à Bourg que la tête d'Hyvert a parlé.

FIN DU TOME PREMIER.

TABLE

DES MATIÈRES CONTENUES DANS CE VOLUME.

www.ingramcontent.com/pod-product-compliance
Lightning Source LLC
LaVergne TN
LVHW050209030726
842520LV00002B/457